시간은
존재하지
않는다

시간은 존재하지 않는다

초판 1쇄 발행 2019년 11월 20일

지은이 권용준
펴낸이 장길수
펴낸곳 지식과감성#
출판등록 제2012-000081호

디자인 박예은
편집 박예은, 이현
교정 정은지
마케팅 고은빛

주소 서울시 금천구 벚꽃로298 대륭포스트타워6차 1212호
전화 070-4651-3730~4
팩스 070-4325-7006
이메일 ksbookup@naver.com
홈페이지 www.knsbookup.com

ISBN 979-11-6275-884-7(03810)
값 12,000원

ⓒ 권용준 2019 Printed in Korea

잘못된 책은 구입하신 곳에서 바꾸어 드립니다.
이 책의 전부 또는 일부 내용을 재사용하려면 사전에 저작권자와 펴낸곳의 동의를 받아야 합니다.

이 도서의 국립중앙도서관 출판예정도서목록(CIP)은 서지정보유통지원시스템
홈페이지(http://seoji.nl.go.kr)와 국가자료공동목록시스템(http://www.nl.go.kr/kolisnet)에서
이용하실 수 있습니다. (CIP제어번호 : CIP2019046017)

 홈페이지 바로가기

권용준 penpo2@hanmail.net

권용준 지음

시간은
존재하지
않는다

지식과감정

사는 일은
슬프고,
쓸쓸하고,
또한
아름다운 일이 아닌가 싶다.

1장

1. 떠나고 싶은 날 / 008
2. 하루 1 / 009
3. 하루 2 / 013
4. 사랑이라 1 / 016
5. 타인에 대한 낯선 조망 / 018
6. 우면산 / 028
7. 그 강 – 꿈 이야기 / 033
8. 봄을 기다리며 / 039
9. 혼자여도 / 042
10. 시월 / 044
11. 가 버린 이들을 위하여 / 048
12. 사랑이라 2 / 050
13. 차탁 / 066
14. 바보 / 074
15. 여행이란 뭘까? / 075
16. 잔지바르 아루샤의 색깔 / 076
17. 3박 4일 / 081
18. 인도의 가난과 거짓에 대하여 / 118
19. 하루 3 / 123
20. 미얀마를 가려는 마음가짐 / 126
21. 한가한 일요일 오후 / 129
22. 나무 – 내가 너와 같다 / 132
23. 노오란 길 / 134
24. 오래된 기억 속의 그 길을 따라 / 142
25. 친구 / 145
26. 어머니 / 146
27. 하루 4 / 149
28. 내가 좋아하는 것들 / 152
29. 욕망은 바보처럼 늘 저 위만 바라본다 / 154
30. 외로움에 대하여 / 156
31. 살아 있음에 대한 단상 / 158
32. 하루 5 / 162

2장

1. 역사란 / 168
2. 한니발, 그의 병사들에 대한 단상 / 171
3. 왜코벌 / 183
4. 변태와 도덕 짐승에 관하여 / 185
5. 알 수 없는 세상에 대한 상념 / 188
6. 시간은 존재하지 않는다 / 199

1장

떠나고 싶은 날

11월의 끝자락.

그리고 겨울의 시작.

길거리는 지난밤 추위와 바람에 떨어진 낙엽으로 어지럽다.

그것들이 바람에 흩날려 별난 풍경을 만들고

아침 9시가 되어 가는 시간인데도

새벽이나 초저녁처럼 어두침침하다.

차창 밖으로 보슬비가 떨어지고

차량 불빛이 길게 늘어진 채로 느리게 이동한다.

바람에 나뭇가지가 휘청거리고

하늘은 낮게 깔린 잿빛 구름으로 뒤덮여 있다.

어데론가 떠나고 싶은 날이다.

하루 1

당신은 어떤가요?
어데론가 떠나고 싶지 않나요?
전 늘 떠나고 싶었습니다.
저 머나먼 땅으로, 듣지도 보지도 못했던 곳, 그런 낯선 나라로 말이지요.
그곳은 아는 사람도 없습니다.
땅도 지형도 생소하지요.
음식도 익숙하지 않아 때론 멈칫거립니다.
날씨는 너무 춥거나 따뜻하여 불편하기도 합니다.
그래도 그날이 그날 같은 일상이 싫었습니다.
타향에는, 내가 모르는 그 무엇이 있을 거라 기대됩니다.

그래서 몇 번 떠나 보았습니다.
그곳이 다른 건 사실이었습니다.

비행기를 타고 배를 타고 자동차를 타고, 혹은 걸어서 가 보지 않은 그런 생소한 곳으로 가 보는 것이지요.
처음에는 좋았고 또 신비하였고 그랬습니다.
그래도 결국 얼마 지나지 않아 알게 되더군요.
별로 달라진 게 없구나 하구요.

어델 가나

그 무엇을 하나

사람이 어찌할 수 있는 일들은 정해져 있지 않나 싶습니다.

내가 할 수 있는 일 말이지요.

그래서,

간혹 몸을 움츠립니다.

내가 넘볼 수 없는 이날들은, 이 시간은, 수수께끼와 같습니다.

어찌 생겼는지도 모르지요.

그 이면의 정체는 깜깜하여 감도 잡을 수 없습니다.

그렇지만 이 하루가 철옹성처럼 나를 틀어쥐고 있다는 것은 알게 되었습니다.

내 삶의 여러 것들이 그러하지만,

시간은 유독 독선적인, 끼어들 여지조차 주지 않는 이질적인 영역입니다.

어찌해 볼 수 없는 존재입니다.

그 벽은 너무 높아 하늘 끝까지 닿아 있었습니다.

낮과 밤은 어김없이 찾아오고 줄줄이 이어진 이날들의 매듭에 끼인 나는 꿈쩍도 하지 못합니다.

아침이 되면 말이지요.

전 눈을 비비고 일어나야만 합니다.

도통 방법이 없습니다.

밤이 되면 또 어느 곳으로인가 기어 들어가 눈을 감고 잠을 자야만 합니다.

숙명처럼 말이지요.

어데 그것뿐일까요?
때가 되면 배가 고파 먹지 않을 수 없습니다.
시간이 지나면 먹은 걸 배설해야 합니다.
오줌을 싸 대고 냄새나는 똥을 내보내야 합니다.
적당히 하려 해서 그렇지 한두 가지가 아니지요.
펄쩍 뛰어 내일로 간다고요? 턱도 없는 얘기입니다.
그물처럼 촘촘히 쌓인 그 길을 초침처럼 째깍이는 그 끝에 매달려 오직 한 걸음씩만 앞으로 나아가는 게 내가 할 수 있는 모든 것입니다.
시간은, 이 하루는 너무 무시무시합니다.
나는 이날들의 거대한 성벽에 둘러싸여 있습니다.
이 하루가 감옥과 같습니다.
피할 수 없다는 게, 도망갈 수 없다는 게 너무 답답합니다.

시간의 성에 갇힌 나는
오늘도 개미처럼 분주합니다.
해야 할 일이 많으니까요. 먹이도 저장해 놓아야 하고 잠자리도 마련하고 똥을 배설할 화장실도 갖고 있어야 하니까요.
그래 정신없이 나대다 보면 하루가 가고 또 하루가 가고 그렇습니다.
그래서
그렇게 반복되는 일상이 싫어 떠나온 곳인데
이곳에서도 그렇습니다.

이렇게 포크를 들고 시간에 맞추어 아침을 해결하고 있으니까요.
그 일들을 피할 수가 없으니까요.

오늘도
여느 날처럼
머나먼 이역의 땅에서 아침을 먹고 있습니다.

소시지와 버터 바른 빵, 프라이드 에그, 우유 한잔을 말이지요.

하루 2

이 땅에 가장 귀한 선물은 무엇일까?

사랑, 꽃, 친구, 가족, 명예

이 하루는 어떨까?
내 너에게 줄 것이 있느니라
오늘 하루를 그대에게 줄 터이니 그 시간을 잘 보내거라.
신이나 절대자 혹은 하느님이 말이다.
우뚝 서서, 혹은 저 하늘에서 잘 포장된 이날을 내게 건네준다면
그 선물은 무척이나 값진 게 아닐까 싶다.

우리에게 이 하루라는 게 없다면 말이다.

그래서
내가 떡하니 두 손을 쳐 받들고 이 하루를 움켜쥐었다 치자.
그렇담 난 아까워 쉬이 사용하지도 못할 거 같다.

그날은 숲속 길을 걸을 수도 있고 어느 벤치에서 시를 읽을 수도 있다.
누군가의 손을 잡고 그 따스함을 느끼고 지긋이 바라볼 수도 있을 터이다.
영화를 한 편 볼까?

기차를 타고 가 어느 한적한 소도시에 내려 이곳저곳을 걷다가 출출할 때 시장터를 찾아 순댓국을 한 그릇 사 먹을 수도 있을 터이다.
분위기 있는 찻집에서 커피를 한잔 마실 수도 있고, 이른 봄, 앞마당에 튤립 구근을 심을 수도 있을 게다.
한밤이 되면 베를리오즈 환상곡을 들으며 서성거릴지도 모른다.
수영을 하는 건 어떨까?
그 차갑고 부드럽고 살가운 물길이 날 둘러싸고 스쳐간다면 기분이 얼마나 좋을까?
밝은 태양도 있을 터이고 어두움과 별과 달빛도 있을 터이다.

그리도 멋진 시간들이니
내 어찌 이 소중한 하루를 허투로 써 버리겠는가?
그건 너무 황홀하고 아까워 금고에 넣어 두고 바라만 보다가 곰팡내가 나고 색이 바랠지도 모르겠다.

우리에게 이 하루라는 게 없다면 말이다.
그렇담 충분히 그러할 터이다.

그러한 이 하루는,
어느 머나먼 땅, 쓸쓸히 이곳저곳을 기웃거리는 바람과
저 너머 그 끝이 없다는 밤하늘
얼마만 한 세월을 가야 만날 수 있는지 알 수조차 없는 하얗고 푸르른 별들과 함께한다.

시간은 과거와 미래로 끝없이 이어져 있다.
영원이라는 이름으로

그런 그가, 내가 넘볼 수 없는 이 하루가,
시간과 공간을 점유하고 있는 그가,
날 살아 있게 하고 날 존재케 하는 이가,
나같이 작고 작은 생명에게
매일 아침이면, 공손히 허리를 구부리고서 기다리는 것이다.

그러하니
이제는 그를 시피보고 함부로 대하지 않으련다.
소가 닭을 내려다보듯 무시하고 무관심하지도 않으련다.
언제까지고 내 곁에 함께할 듯 보이지만 금세 날 떠나갈 그임을 알고 있다.
내가 모르는 또 다른 세상의 존재임도 알고 있다.
돌이켜 보건대 이 하루를 너무 쉬이 생각하며 살아왔었다.
늦음 감이 있지만,
나 또한 무릎을 꿇으련다.
마음을 정갈하게 하고 그에게 감사하련다.

그리고 일어서
축복으로, 신의 선물로, 기적으로 다가온 내 앞의 그를
꼬옥 안아 주련다.

사랑이라 1

그녀는 소심하고 또 때로는 대범하였다.
머리카락은 윤이 나며 항상 단정하였고 잘 빗겨져 있었다.
볼따구에 살이 있어 둥그래한 얼굴이었지만
눈이 크고 피부가 부드러웠다.
엉덩이 라인은 아주 매혹적으로 잘 드러나
난 늘 그곳을 만지고 싶어 했다.
차분하면서도 새로움을 갈구하는 욕망이 강하여 편한 길을 놓아두고
자꾸 샛길로 빠졌지만 그녀는 인내와 노력으로
늘 힘든 상황을 벗어나곤 하였다.
내가 그 그늘진 샛길로 그녀를 끌어들인 건 아닌가?
사람들이 알고 있는 것처럼 그녀도 그리 생각할까?

우린 꽤 오래된 사이였다.
마음을 드러내지 않은 우리는 감정 표현을 자제하였고,
오랜 시간이 흐른 뒤에야 모닥불처럼 불타올랐다.
재가 되어 아무것도 남지 않으리라는 걸 알면서도 말이다.
우린 닮은 듯 다른 사람들이었다.
그녀도, 나도 알고 있었다.

그래서 그리 오랜 세월이 걸렸을까?
그 오랜 시간이 그녀에게 믿음을 주었던 건 아닐까?
전부이기를 원하는 마음, 자유롭고자 하는 마음,
안주하고자 하고 떠나고자 하는 갈망들.
돌아서서 바라본 지나온 길은 진흙탕처럼 어지러울 뿐이었다.
어둠과 밝음이 지나칠 때에는
아름답지만 함께하는 일은 난망한 일이다.

당신은 사랑만 하고 살아갈 수 있나요?
당신은 사랑 없이 이 세상을 살아갈 수 있나요?

그녀가 떠나가던 날, 머리칼이 쭈뼛 서는 추운 날이었다.
이미 식어 버린 애정인지라 우린 그리 슬퍼하지 않았다.
그저 서로의 행복을 빌어 주었다.

10여 년도 더 지난 날에 그것도 생뚱맞은 완도에서 난 그녀를 보았다.
별반 변하지 않은 모습. 시댁에 왔다 돌아가는 길이란다.
그리고 돌아서는 길에 헤어질 때도 보지 못하였던
그녀의 눈물을 보았다.
그리고 그녀는 보지 못했겠지만 나 또한 눈물을 흘리고 말았다.

사랑이라.

타인에 대한 낯선 조망

겨울, 1월

추운 날이었다.

눈이 오고 바람이 불어 외투 깃을 세우고 걸었다.

길까지 미끄러워 빨리 걸을 수도 없었다.

지하철 계단을 내려가다가 뭔가 스쳐간 듯한데 뭔지를 몰라 뒤돌아보니 허름한 뒷모습이 보인다.

그는 꿇어앉아 있다.

다시 계단을 몇 개 올라서 거지 앞에 선다.

주머니를 뒤적여 1천 원짜리 한 장을 박카스 종이 박스에 넣는다.

볼 때마다 의아해하는 사실이지만 그 박스 안에는 늘 100원짜리 몇 개만 있다.

아마도 1천 원짜리나 5천 원, 1만 원짜리는 그의 주머니에 있지 않을까 싶다.

헌데 나라면 잔돈을 없애고 큰돈을 남겨 놓겠단 생각을 해 본다.

그게 구걸하는 일의 결과에 더 효과적이지 않을까 하는

모를 일이다.

뭐 살아가며 알 수 있는 일이 얼마나 있으랴마는,

그리고 저 거지는 왜 저렇게 꿇어앉아 있는 걸까? 구걸하는 이의 의무인가?

큰절하듯 엎드려 상체를 숙이고 있다.
추운 걸까?
부끄러운 걸까?
오늘은 추워서 그렇다지만 여느 날, 그리 춥지 않은 날에도 그는 똑같은 자세로 머리를 처박고 있다.

사무실에 앉아 있는데 그가 생각난다.
남루한 옷 속에 자신을 육체를 숨기고 타인의 동정심으로 살아가는 그는 누구일까?
이른 아침, 어느 동네, 어느 허름한 방을 나서는 걸까?
지하철 차가운 보도에서 그리 시간을 보내다가 어느 곳으로 가는 걸까?
한낮, 혹은 늦은 밤
어둡고 쓸쓸한 저녁이면 소주를 한잔할 듯도 싶다.
언제 한번 그를 미행해 볼까?
그의 거처가 궁금하고 그의 가족이 궁금하다.
그가 살아가는 모습이 궁금하다.
밥은 먹나?
밥은 먹을까?
그 돈으로 아이들을 부양하는 건 아닐까?
무엇이 그를 저렇게 만들었을까?
현실에 적응하지 못한 그의 성향 탓일까?
세상이 그를 그리 만들었을까?

거지는 그럴 만한 사연이 있어 그렇다지만 난 여기서 무얼 하고 있는 걸까?
자판을 두드리고 이리저리 숫자를 맞추고 어쩌고저쩌고 흰소리를 하며 하루를 보낸다.
업무에 관한 뻔한 잔소리를 되풀이한다.
평범하여 너무 흔해 빠진 내 자신을 어떡하든 좀 과장하고 포장하여 떠벌린다.
그리곤 틈틈이 남 흉을 보는 것이다.
타인의 치부를 찾아내는 부분은 내가 좀 예리하다.
세금을 줄이려 골머리를 돌리다 보니 머리가 그런 쪽으로 좀 트이지 않았나 싶다.
새삼 이리 살아가는 일이 낯설다.
뭐 하는 짓인가 싶기도 하다.
그런 내가 갑자기 가물가물하다.
밖은 추운데 사무실 안이 따뜻해서일까?
점심을 먹어서일까?
졸리는 것이다.

그리고는 지하철에 떡 하니 나타나 고개를 쳐 박고 뱁새눈을 하고서 사람들의 걸음걸이를 살피는 것이다.
금세 거렁뱅이가 돼 있는 것이다.
자연스럽게 머리칼 속 눈동자를 굴린다.
걸음걸이만 보아도 내 박카스 종이 상자에 돈을 넣어 줄 놈인지 아닌지 알 것 같다.
저 녀석은 멈칫거리다가 그냥 간다.
아주 소심한 놈이다.
나이 든 아주머니가 딱하다는 듯이 날 보다가 지갑을 뒤적여 돈을 꺼내 내게 준다.
난 다 보면서도 못 본 척 미동도 하지 않는다.
다들 바쁜가 보다.
아침 출근길이어서인지 초저녁 퇴근길보다 걸음걸이가 빠르다.
그런데 그 자리가 난 마음에 들지 않는다.
멀찍이서 날 보아야 미리 마음에 준비를 하고 적선을 할 판인데 내가 자리 잡은 곳은 구부러진 곳, 갑자기 나타나는 꼴이다.
난 주춤거리며 좀 더 시야가 트인 곳으로 돈 상자를 질질 끌며 이동한다.
번쩍 일어날까 하다가 왠지 그런 행동이 거지에게 어울릴 거 같지 않아서이다.

그렇게 무릎을 꿇고 앉아 있자니 사람들도 많다.
끝도 없이 사람들이 쏟아져 들어온다.
무슨 사람들이 이렇게도 많은 걸까?
귓등이 가려워 좀 긁어 주며 다들 뭘 먹고 뭘 생각하며 사나 싶다.
뭐 별게 있겠나 싶긴 하다.
다들 나처럼 그렇게들 살겠지.
개중 어느 누군가가 나겠지?

내가 개중 어느 누구인가?

종아리도 보고 신발도 보다가 상체를 더 구부려 머리까지 처박는다.

그때서야 그 자세가 나름 편안한 자세임을 감지한다.

그러다가 졸리고 만다.

그리고는 꾸벅꾸벅 조는 것이다.

정신이 들어오는데 긴가민가하다.

내가 있는 곳이 어데인지 모르겠다.

거지가 구걸하는 지하철 초입인지 세무사 사무실인지 감이 오지 않는다.

쪼잔하게 잔계산을 하며 실눈을 뜨니 사무실이다.

아무래도 다행이다 싶다.

그렇게 꿇어앉아 있었지만 아무래도 이건 현실이 아니려니 하였으니 말이다.

그러면서 나름 걱정도 했었다.

실제 거라시가 돼 버린 건가?

그리고 보면 난 아무래도 시시한 사람이 아닌가 싶다.

틈만 나면 잔머리를 굴리는 게 버릇이 되어 있으니 말이다.

고상하고 고귀하고 맑은 영혼이 있고 도통 그런 게 없다.

그저 눈치를 보고 계산을 하며 살아온, 지나온 세월이 몸에 배인 그런 한 사람이 있을 뿐이다.

그건 그렇다 치고

왜 거지가 낯설지 않은 걸까?

그가 내 피붙이 같고 친구 같고 끝내는 내 자신 같기도 하다.

별난 기분이다.

이 느낌은 아주 생생하다.

고개를 갸웃거리며 두 눈을 치켜뜨니 장현 씨가 아침부터 여태껏 신강양꼬치 하반기 부가세를 짜 맞추고 있다.

매출이 많으니 시간도 제법 잡아먹는 모양이다.

지칠 법도 한데 내리 엉덩이를 깔고 몇 시간째 집중하고 있다.

어째 10여 년 전 내 모습 같다.

그때는 정신없이 열심히 살았는데 말이다.

장현 씨 또한 그 거지처럼 날 닮은 거 같다.

머리를 극적이며 내가 왜 이러나 싶다.

최근 들어 가끔 그런 마음이 든다.

달리는 내 옆 차량의 사람들을 보아도, 마주 앉아 얘기를 나누는 친구를 보아도

내가 그 사람 같다는 느낌,

그가 나와 같으리라는 생각,

그의 노력과 슬픔이, 아픔과 기쁨들이 말이다.

우리들 살아가는 형태가 다 비슷하여서일까?

그럴 게다.

너, 나 할 것 없이 다들 별나고 개성들이 넘치지만 또 한 걸음만 물러나 보면 모두가 한결같은.

어제는 인터넷에서 푸틴이라는 사람을 보았다.

윗옷을 벗어 상반신을 드러내고 시베리아 그 멋진 곳에서 물고기를 잡았는지 자세를 잡고 있는 모습이었다.

으스대는 듯도 보였다.

아마 못된 짓도 무던히 하였을 터이다.

사진에 비추이는 풍경이 그에게는 과분하다 싶었다.

그러면서 그 사진을 찬찬이 바라보는데 갑자기 그가 아주 우스꽝스러워 보였다.

날 닮은 듯도 하고 내 쫄따구 같기도 하고, 하는 짓이 그렇다는 얘기이다.

그리 멀지도 않은 날에 쭈글쭈글해져서 비실거리며 살아갈 게 뻔히 보이는데도 지금은 제 세상인 양 하는 것이다.

얼빵해 보이는 작자이다.

난 그렇게까지 어리석지는 않은데 하며 웃었지만 도토리 키 재기 같은 얘기이다.

그렇다.

그라고 무슨 뾰족한 수가 있었을까?

그 누구라고 해서 무슨 대단한 수가 있을까?

다들 운명처럼 숙명처럼 진실인 듯 거짓인 듯 그렇게 살아가는 것이다.

다들 제 탓이고 제가 뭐 잘나서 그리 되었다 믿을지 모르지만 내 생각은 아니다.

우린 그렇다.

어쩌다가 내 삶이 이리 풀려 이 자리에 있는 것뿐이다.

어쩌다가 배가 좀 튀어나오고 머리가 빠진 대머리가 된 것이다.

특별한 이유가 있는 것은 아니다.

결정론적 사고방식으로 보자면 다 정해져 있는지도 모를 일이다.

그래서 그는

이 추운 겨울날 아침 지하철 계단에서 생계를 꾸려 나가는 것이다.

감히 그 탓이라고, 그가 선택한 삶이라고 말할 수 있을까?

그래서 난

기회만 오면 고객들과의 대화에 맞장구를 치며 비위를 맞춘다.

그리곤 돌아서 웃기지도 않는 놈이니, 어쩌고저쩌고 하며 상대를 헐뜯는다.

그런 나를 탓할 일만도 아니다.

나도 어쩌다 보니 이렇게 살게 된 것이다.

그게 내 탓일까?

난 그런 자질과 천성을 갖고 태어났고 내 주변 환경과 어울려 여기까지 온 것이다.

그리고 그렇게 상대를 치켜올리는 게 살아가는 데 편하다는 것을 알게 되었을 뿐이다.

내 나름 삶의 요령이기도 하다.

한편으로 날 쉬이 대하는 고객을 깔아뭉개야 속이 좀 편해지는 것이다.

사실 난 곧잘 후회한다.

누군가를 욕하고 있지도 않은 자랑을 하는 스스로를 말이다.

그래도 그걸 고치지 못하는 걸 보면 사는 일은 그렇게 간단치도 않고 마음대로 되는 것도 아니다 싶다.
그렇다.
어느 누구나처럼 내가 원하는 난 이런 사람이 아니다.
의지가 굳건하고 정직한 사람이 되고 싶다.
늘 당당하고 싶다.
불의를 보면 참지 못하는 사람이 되고 싶은 것이다.
상대가 무척이나 강하여 내가 큰 피해를 입는다 해도 말이다.
따뜻하고 순수한 영혼을 갖고 싶다.
누군가를 사랑할 수 있는 사람이 되고 싶은 것이다.
그렇지만 난 그런 사람이 아니다.
나도 알고 그 누구도 알 터이다.
내 눈부터가, 눈빛부터가 뱁새처럼 눈치나 보는 모양새인 것이다.
그 눈으로 위엄을, 순수함을 드러내려 해도 그건 어울리지 않는 배역일 터이다.
천성 또한 생김새에 어울리게 조잡하고 변덕이 유별나다.
가볍기까지 하다.
한때는 제법 고민도 하였지만 이제 다 받아들인다.
너무 많은 것들을 알게 되어서일까?

오늘은 그런 생각이 든다.
요즈음 그렇다.

이 사람, 저 사람, 다들 친근해 보이고 안쓰럽기도 하고 그렇다.

이 사람, 저 사람이 다 나같이 생각되니 말이다.

내가 그 같고 그 사람이 나 같은 것이다.

그의 슬픔이 내 슬픔과 뭐 다를까?

그의 욕망이 내 욕망과 무슨 차이가 있을까?

사람들이,

이 사람, 저 사람, 모두 다,

이 시간에,

지금은 그렇다.

더 다정스러운 느낌이다.

내가 그와 같고 그가 나와 같으니 말이다.

우면산

4월
오랜만에 친구와 우면산에 오른다.

야트막한 언덕길을 두런거리며 걷는다.
사는 얘기도 하고 이제 갓 피어난 여린 연녹빛 싹들에 감탄한다.
좋을 때지?
내가 고개를 끄덕인다.
봄이 좋은 건 왜일까?

봄이 되면 몸이 근질거리는 거 같아. 힘도 좀 나는 것 같구.
그렇지?
그래 아직은 살만 한 게야.

진달래가 수줍게 피어나 있다.
저 녀석은 왜 저리도 연약하고 애처롭고 또 아름다운지
30여 분 걸었을까? 친구가 배 속이 좋지 않단다.
똥?
친구가 어색하게 웃는다.
숫기가 없는 그가 이곳저곳을 기웃거려 보지만 드문드문 오가는 등산객

눈길을 피할 만한 곳이 없다.
여기다 싸! 내가 사람들 쫓아 줄게.
어떻게 여기다?
늙어가지고 무신, 누가 봐도 이해할 거야. 오죽 급하면 이런 곳에 까발리고 있겠어 하구 말이지.
그래 급하긴 하네.
친구가 장단을 맞추어 중얼거린다.
그의 얼굴색이 조금 노랗다.
그리고 갈 날이 얼마 남지 않는 노인네는 다 이해해 줘야 해.
그래야 되지 않겠어?
내가 피식거리며 웃는 사이 그가 바지춤을 끌어 내린다.

난 좀 떨어진 곳에 자리 잡고 앉는다.
가져온 커피 보온병을 꺼내 졸졸거리는 소리가 나게 종이컵에 따른다.
그 향을 맡으며 천천히 홀짝인다.
좋은 때이다.
나무 등짝 사이로, 하늘과 맞닿은 가장자리로 봄의 정령들이 삐죽이 고개를 디밀고 있다.
칙칙한 검정의 나무기둥과 연초록 여린 싹이 묘하게 조화롭다.
실눈을 뜨고서, 고개를 치켜들어 하얀 해를 향한다.
나무줄기 사이로 수많은 색깔이 가느다란 실이 되어 흘러온다.
파아란 화살이 유성처럼 내게로 온다.

눈이 부시다.
아름답구나 하고 혼자서 웅얼거린다.

잠시 눈을 감았다가 두 눈을 내리깔았다.
그러다 발밑을 본다.
침침하다.
물끄러미 바라보고 있자니 그네들의 형체가 하나씩 들어온다.
웅크리고 무더기져 모여 있는 낙엽들이다.
도드라지지 않은, 조금은 패여 있어 그늘진 음습한 곳이다.
바람도 없고
손님도 없다.
언제까지고 눈길 한 번 닿지 않을 그런 곳이다.
갑자기 새소리마저 들리지 않는다.
어쩌 이곳은 또 다른 세상 같다.
정적과 고요와 외로움이 가득 차 있다.
초라하게 삭아 그 형체를 잃어 가는 그 모습들이 애처롭다.
누렇게 뜬, 말라비틀어진 녀석들이 뒤엉켜 마주 보고 또 등을 지고 있다.

너희들은 어쩌다 그렇게 모여든 게니?
서로 대화하며 위로도 하니?
아무도 없는 곳, 저렇게 제 모습을 잃어 가는 그네들이 낯설지 않다.
어찌 자연의 모습 하나하나는 우릴 이리도 닮은 걸까?

삐죽하게 디민 웬 녀석을 잡아당기니 뼈마디만 남아 있다.

이미 거무스레 변색되어 있다.

언젠가?

그 어느 때인가?

너도 저처럼, 저 여린 새싹처럼 아름다운 한때가 있었을 터인데 말이다.

그 찬란했던 어느 봄날을 기억이나 하고 있는 게니?

퀴퀴한 냄새가 코끝으로 스며든다.

제 몸을 자연으로 내보내며 풍기는 산물이다.

친구의 가랑이 사이에 떨어져 나온 녀석들 냄새가 코끝을 스쳐간다.

바람은 별걸 다 날라 오는구나.

줄기만 남은 낙엽, 그 녀석으로 내 뺨을 몇 번 쓰다듬어 본다.

찔러도 본다.

그가 주는 향과 감촉이 뒤엉켜 날 어지럽힌다.

넌 누구니?

그러다 나도 알 수 없는 그 무엇 때문에 내 볼따구에 그 녀석을 박박 문지른다.

따갑다.

그리고 아프다.

손끝에 피가 묻어 나온다.

고목처럼 말라비틀어진 피부지만 피가 나오는구나.

눈을 감고 있으니 삐질거리며 눈물이 흘러나온다.

아!
한숨이 그렇게 새어 나온다.

친구가 엉거주춤 다가온다.
똥을 오래도 싸는구나.
그게 말이지, 힘이 없단 말이야. 빌빌거리며 나와.
그래도 이제 시원하겠다.
그가 웃으며 고개를 까닥인다.
고개를 돌리며 상처 난 내 볼을 가린다.
앞장서 봐.
그럴까!

어슬렁거리며
느릿느릿 그렇게 우면산을 오른다.

아름다운 계절
4월
봄이다.

그 강
― 꿈 이야기

초저녁이 아니었나 싶습니다.
아님 한밤이었는지도 모르겠습니다.
어둑어둑하고 깜깜하기도 하고 그랬습니다.
비가 촘촘하게 강물 위로 떨어져 내렸지만 그 비는 가늘고 부드러웠습니다.
그 시간을 축복하는 듯했으니까요.

그리고 그 강은 어둡고 넓게 늘어져 있었습니다.
저 건너편을 볼 수는 없었지요.
그저 우리가 놀고 있는, 헤엄치고 있는 강가 주변만이 어렴풋한 형체들을 드러내 보였습니다.
친근하고 익숙한 이들이었습니다.
그들과 함께하는 물속은 따뜻하고 너무 편안하여 고향 같기도 하고 어머니의 품속 같기도 하였습니다.
그곳은 뭐랄까요?
천국의 귀퉁이 같기도 하였습니다.
우리가 어울리는 곳은 우묵하게 자리 잡아 강의 흐름과도 동떨어져 있었습니다.

우린 가까이 얼굴을 맞대고 이해할 수 없는 얘기를 나누다가 다시금 혼자가 되곤 하였습니다.

그래 강 위에 드러누워 배영을 하며 떨어지는 빗방울의 감촉을 즐겼습니다.

하늘을 향하여 눈을 감고 빗방울 사이사이, 춤추듯 뛰노는 바람 소리를 들었습니다.

행복하였습니다.

그래서 그림처럼, 돌고래처럼 팔짝 내 몸을 솟아오르게도 해 보았습니다.

그러면서 저 강 끝을 보았지요.

경계를 넘어선 그곳은 칙칙하였고 거칠었고 알 수도 없는 곳이었습니다.

보이지 않았지만 경외로운, 낯선 세상 같아 보였습니다.

건널 수 있을까?

혹 다시 돌아올 수 있을까 그런 생각을 하였습니다.

생각만으로도 둥둥둥, 가슴을 울리는 큰북의 소리가 있었습니다.

물장구 소리와 소곤거리는 소리

깔깔거리는 웃음소리가 빗방울이 되어 점점이 떨어져 내리곤 하였습니다.

언제, 어느 때였을까요?

저는 손을 크게 휘저으며 강의 중심부로 나아가고 있었습니다.

그곳은 두렵고 무시무시한 곳이었습니다.

도도하게 넘실거리는 강 물살이 거부하듯이 제 몸을 밀어내곤 하였습니다.

그렇지만 전 쉬지 않고 몸을 놀려 앞으로, 앞으로 나아갔습니다.

아빠!

유리 파편 같은 섬찟한 목소리 하나가 유성처럼 떨어져 내렸습니다.

수영이가 날 찾는 소리였습니다.

거기에는 놀라움과 두려움 걱정이 깊게 배어 있었습니다.

멈칫하며 경직된 순간이 있었습니다.

그러나 멈출 수가 없었습니다.

내 몸은 최면에 걸린 것처럼 쉬임이 없었습니다.

날 찾는 그 음성마저 들리지 않게 되었습니다.

그때가 되어서야 제 몸 속으로, 피부의 감촉으로 두려움이라는 게 몰려 왔습니다.

그렇지만 그 두려움이 그렇게 싫은 건 아니었습니다.

뭐랄까요?

특이한 감정이었습니다.

거대한 자연 앞에 처음 마주 선 느낌이랄까요?

온 세상이 깜깜하게 변하고 무시무시하게 으르릉거리는 굉음만이 함께 하였습니다.

이제는 감히 제 몸으로 어찌할 수 없는 지경이었습니다.

마치 용트림하듯이 강물이 꿈틀거렸으니까요.

전 어두움을 방패 삼아 최선을 다하였습니다.

거대한 소용돌이가 그르릉거리며 다가왔습니다.

내 몸이 눈 깜짝할 사이 뱅글거리며 돌았고 이내 뒤틀리며 빨려 들어갔 습니다.

전 거부할 수도 저항할 수도 없었습니다.

그저 최대한 숨을 몰아쉬어 내 몸 안으로 집어넣었습니다.

나뭇잎처럼 가벼이 빨려 들어가더군요.

그리고 강물 속 내 몸은 이리저리 구겨지고 틀어졌습니다.

아무런 존재감도 없었습니다.

그 힘에 맞서는 일은 가당치 않았습니다.

그저 순간순간 버텨 내는 일만이 최선이었습니다.

힘을 빼고 가능한 그 꿈틀거리는 물살을 거역하지 않으며 그 흐름에 몸을 동화하려 하였습니다.

그렇다고 계속해서 그냥 그대로 있지는 않았습니다.

그래도 나름 수영을 잘한다는 말을 들어 왔으니까요.

전 소용돌이 더욱 아래쪽 강가 바닥까지 타고 내려가 거북이처럼 느리게 양팔을 휘저었습니다.

그리고는 한순간 강물과 내가 하나가 된 기분이 들기도 하였습니다.

시간은 느리게 흘러갔고 이대로 떠오르지 못할 수도 있다는 생각을 하였습니다.

두려웠지만, 그 시간이 너무 길었지만 끝내 난 솟아올랐습니다.

꺽꺽이며 숨을 몰아쉬었습니다.

정신을 차리려고 애썼지만 냉정해질 수 없었습니다.

그저 물 위에 떠 있기 위해 발버둥치는 게 다였습니다.

그리고 저만치서 또 다른 소용돌이가 다가오고 있었습니다.

저는 심호흡을 하며 기다렸습니다.

커다란 타원의 가장자리에 들어서자 내 몸이 아주 서서히 돌아갔습니다. 그렇게 움직이며, 갈피를 못 잡던 내 정신은 아주 또렷하게 변해 갔습니다. 침침한 어둠 속, 괴물 같이 그르렁거리는 소리, 알 수 없는 세상의 끝자락에 서서 바라보는 그 선명한 의식의 순간, 눈앞에 펼쳐진 정경은 뭐라 설명할 수 없었습니다.

상상 그 이상의 무엇이었지요.

얼마나 지났을까요?

꿈인지 생시인지 어렴풋하여 얼마나 시간이 흘렀는지 몰랐지만 고비는 넘어섰음을 느꼈습니다.

물길이 조금씩 잔잔하게 변해가고 있었습니다.

그래도 바싹 곤두선 긴장감이 쉬이 풀어지진 않더군요.

그저 온몸을 물속에 담그고서 코끝만 내밀어 숨을 내쉬며 그렇게 흘러내려갔습니다.

내 몸이 조금씩 강 물길의 중심에서 밀려나는 느낌이었습니다.

그들이 다시금 날 내보내는 것 같기도 하였습니다.

발끝에 모래가 닿는 느낌이 오고 손끝에 걸리는 것들이 있었습니다.

나무인지 풀인지 정체가 애매하였지만 전 정신없이 허우적거리며 강가 쪽으로 몸을 옮겼습니다.

그제야 내 몸이 비틀리고 구겨진 건 아닐까 만져 보기도 했습니다.

시간이 지나도 벌렁거리는 가슴이 좀처럼 진정되지 않았습니다.

탈진한 것처럼 온몸에 힘이 빠져 얕은 강가 아무 곳에나 주저앉았습니다.

그저 숨을 몰아쉬며 한참을 그리 있었습니다.

그때 저만치서 훌쩍이는 울음소리가 들려 왔습니다.
슬픔에 가득 차 너무 오랫동안 울어서인지 그 훌쩍임이 메말라 있었습니다.
아빠! 아빠! 끅끅, 뭐 그런 톤이었지요.
수영아! 수영이니? 작은 꼬맹이가 둑길을 타고 내려오다가 어둠 속을 달려와 강물 속으로 뛰어 들었습니다.
그곳은 모래사장이 있는, 강물이 무릎까지나 찰랑거리는 안전한 곳이었습니다.
꼬맹이가 나를 안고 엉엉 울더군요.
그런 딸아이를 꼬옥 안았습니다.
저도 울었습니다.
감정은 전염되나 봅니다.
전 슬프지 않았고 그저 반가웠는데, 꼬맹이의 눈물이, 내 마음속 번져 나오는 슬픔이 되어 주룩주룩 눈물이 되어 흘렀습니다.

우린 손을 잡고 강둑길을 걸었습니다.
먹구름이 걷혀 가고 총총히 떠 있는 별이 눈에 들어왔습니다.
어두웠지만 어둡지 않았고 슬펐지만 슬프지 않았습니다.

아주 신비로운 밤이었습니다.

봄을 기다리며

봄이 다다른 것 같다.
그는 저만치 서서 어슬렁거린다.
눈치를 보는 걸까? 아님 재는 걸까?

그의 마음이 어떠하든
결국은 내 앞에 나타나겠지.
녹음과 계절의 여왕이라는 5월까지 매달고 말이지.

그럼 난 뒷마당에 앉아, 그 봄이라는 녀석을 곁눈질로 바라다봐야지.
씩씩한지, 거만한지, 아님 슬픈 눈으로
두리번거리며 어찌할 바를 모르는지.
난 모르는 척, 관심이 없는 척 딴청을 피울까 해.
왜 늦었냐고, 왜 그렇게도 아름답고 찬란하게 빛이 나느냐고
물어보지도 않을까 해.
어쩌면, 운이 좋다면 그가 내게 말을 걸어올지도 몰라.

"거기 앉아서 무얼 하고 있니."
아님 그는 나와 다르게 상대를 지그시 응시할지도 모르지.
아마도, 잘 모르겠지만 그의 표정에는

많은 게 담겨 있지 않을까 싶어.
어떤 이는
얼어붙은 동토의 땅에서 움트는 새싹들, 그 새로운 생명들과
시들고 병들어 잿빛이 되어 가는 우리 영혼의,
그 대비가 선연한 4월이 잔인하다고 말했지만
봄은 더 많은 걸 알고 있을 거 같아.

그는 오랫동안 지켜보았을 거야.
사람이 태어나고 자라서, 어른이 되고 노인이 되어
다시금 자연으로 돌아가는 모습을
그가 태어난 이후 줄곧 보아 왔겠지.
그래서 저만치 서서 끙끙거리고 있는지도 몰라.
자꾸만 쇠락해 가는, 아이들이 변하고, 또 변해 가는 모습들이 싫어서
저리 미적거리는지도 몰라.

난 알 수 없지.
난 그냥 가만히 내 앞에 선 봄을 기다리는 거야.
하지만 지금은 아니야.
지금은 그를 볼 수가 없어.
아직 그는 저만치 보이지 않는 곳에 있으니까.

그래도 오늘은 열린 창문으로 비추이는 풍경에서 그의 냄새가 나.

이 따뜻한 햇살과 대기 위에 출렁대는 기운이
그가 바로 나타날 것처럼 날 설레게 해.
내 눈을 통해 온몸을 매만지며 비추이는 이 햇살이 그의 정령 같아.
그리고 속삭이는 거 같아.
조금만 기다려 달라고, 조금만 더 쉬었다 가겠다고 말이야.

그래, 난 친구인 양 그에게 중얼거려 봐.

너무 복잡해하지 말라고.
너무 서글퍼하지도 말라고.
사는 게 어떠하든, 이날들이 아무리 허망하고 슬프다 해도.
난 널 좋아한다고 말하는 거야.
가까이 다가오는 네가 좋다고 말이야.

그래, 난 봄이 좋아.
오래전부터 그러했지.
나이를 한 해 더 먹을수록 네가 더 좋아지는 거 같아.

그래서 이렇게 창가에 서서
야트막한 동산에 올라 들뜬 마음으로
널 기다리는 거야.

혼자여도

가끔은 혼자여도 좋았음 싶다.

누군가 함께하고 싶어 하고

누군가의 관심과 애정을 필요로 하지 않았음 싶다.

누군가의 눈빛과 포옹,

그 어떤 이가 내 이름을 불러 주길 바라지 않았음 싶다.

음악을 듣고, 혹은 버스를 타고 어느 동떨어진 마을을 찾아

잠을 자고 그곳 신작로 길을 걸었음 싶다.

그곳에는 바람과 고즈넉한 풍경이 함께할 터이다.

들꽃과 햇살도 있을 터이다.

그것만으로도 충분하고 넘쳤으면 싶다.

혼자 심야 영화를 보는 것도 좋겠다.

혼자 밥을 먹고 혼자 음악을 듣고 혼자 잠을 자는 것이다.

그냥 부족함 없이, 아쉬울 것도 없이 그렇게 지낼 수 있다면 좋겠다.

생각이 많고 제각각 살아가는 사람들보다는

늘 그 모습 그대로 그 자리에 있는,

흙과 바람과 소롯길의 갈대와 더 친하게 지내고 싶다.

그래서 여유로움과 한가함과 함께하고 싶다.

왜 우리는 이리도 외로워하는 걸까?

왜 모두들 타인의 관심과 애정에 목을 매는 걸까?
피할 수 없는 인간의 성향일까?

그렇지 않았으면 좋겠다.
그냥 혼자여도 여유롭고, 자유롭고
부족한 것도 없이 늘 그렇게 지낼 수 있다면 좋겠다.

시월

가을이 깊어간다.
한 해가 한참 기울어져 있다.
시간은 느린 듯 아닌 듯 앞으로 나아가고 있다.
오늘 밤 뒤돌아서 멀어져 가는 그의 옷자락을 잡는다.
어느 순간 그가 돌아서 웃는 듯도 싶다.
인생이
삶이 내게 미소 짓는 것이다.
잠시나마 내 마음은 여유와 감상적인 감정에 넘쳐 난다.
그래서 내가 사랑했던 이가 표현한 대로
차가운 바람으로 부들거리는 전깃줄이며
칠흑 같은 밤,
이 딱딱하고 냉정하여 차마 마주 대할 수 없는 무참한 현실까지도
부드럽게 포장되어 내 앞에 늘어서고야 마는 것이다.

상상한다는 것.
상상에 날개를 달아 주는 감정은
어제와는 전혀 다른 색깔로 이 밤을 채색한다.
가끔은 예사롭지 않은 그들을 바라본다.
감정은 마술사이고 아무런 줏대도 없는 녀석임은 분명하다.
그들의 정체는 무엇인지, 어떻게 시작하고 변해 가는지 알 길이 없다.

현실과 감정이란, 그 관계의 역학이,
원인과 결과 사이가 미묘하게 얽혀 늘 턱없는 결과를 갖는다.

여튼
지금은 어둠이 깔린 지 한참이 지난 시간.
소소한 감정들이 잔나비처럼 춤을 춘다.

밤과 시월이 함께하고 있다.

시월은
살아 있는 동안,
의미 있었던 여러 것들의 가치가 퇴색해 가는 시간이다.
그래서 깨어지는 일상의 감정이 혼란스러워,
생소한 기분을 자아내는 순간들이 찾아오곤 한다.
차가운 가을바람에 떨어진 낙엽.
보도블록 위를 이리저리 뒹굴다가 바싹 말라 형체를 잃고,
사라져 가는,
그런 존재가 되어 가는 자신을 바라보는 일은,
설사 그러한 일들이 좀 먼 훗날의 일일지라도
우린 본능으로 느낄 바이다.
그래 이곳저곳을 헤매며 쓸쓸해한다.
시월은
그런 시간이다.

어찌 그뿐일까?

잊었던 사람을 떠올리고 그리워한다.

그 사람은

어데서 무얼 하며 살고 있을까?

마르고 길쭉하고 담백하였던 사람

조용하고 진지하였던 사람

길거리에서 만난 날 붙잡고 관심을 보였던 사람

우린 1년 여 만에 우연히 만난 것이다.

왜 그를 쉬이 지나쳤을까?

때론 괜찮은 사람들과 함께하고 싶다.

사람다운 사람이 보고 싶은 시간이다.

잊었던 그가 한밤에 되살아난다.

그렇지만 기억은 믿을 게 못 된다.

기억은 기억을 가질 때마다 덧칠되고 바래어 시간이 지날수록

진실은 축축하게 젖어 버려서이다.

그렇다 해도 그에 대한 이미지는 맑고,

그날의 쨍쨍했던 햇살이 무척 따가웠음이 분명하다.

어데로 갔을까?

그 지난날은?

혹여 사차원 굴곡진 우주의 어느 곳,

시간과 공간이 뒤엉킨 세계 속에 갇혀 있는 건 아닐까?
사라지지 않고 말이다.
그렇담 살아 있다는 게 더 근사할 터인데 말이다.

어둠 속을 달려 나가는 자동차 엔진 소리들이 리듬을 갖는다.
한때는 저 소리들로 잠 못 이룬 적도 있지만
이제는 저 소음도 그리 나쁘지 않다.
눈물은 언제나 이긴다는 노래가 끝이 나고 정적이 가득 찬다.
자정을 넘어선 시간이 속도를 내어 흘러간다.
어디를 가려고 저리 바삐 가는 걸까?
잠깐 놀아 주었던 그가 다시금 제 일을 하려는 걸까?
1시가 되고 잠깐 사이에 또 1시간이 지나 2시가 되었다.
창문으로 비추이는 불빛들이 제법 줄어들었다.

한밤
과거와 미래 사이를 오락거리며 상념에 빠져든다.
아이들의 잠꼬대가 들려온다.
이 순간이 아주 독특하여 향 내음이 나는 거 같다.

그래
시월은 이렇게나 엉뚱한 생각들이 오간다.
시월이 오랜만에 몽상의 세계 속으로 날 밀어 넣는다.

가 버린 이들을 위하여

니코스 카잔차키스

할머니

T.S 엘리엇

칭기즈칸, 이름 없는 병사

만리장성을 쌓았던 노역자들

한니발

카프카

빈센트 반고흐

로마 시대의 노예들

중세의 귀족들

사람들의 환호 속에 죽어 간 검투사들

간암으로 죽었던 지리산에서의 그 사람

때 묻지 않은 그날의 소녀들

가 버린 사람들

이 땅을 떠난 이들

그들의 고단한 날들과 정열

보석처럼 빛났을 고귀한 영혼

정열과 치열함

무시무시하고 잔혹했을 상황들
오늘 같은 그날을 살았던 이들
나와 같은 감정으로 번민했을 그들
그들 모두가 깜깜한 시간 속에 잠겨 있다.

가 버린 그들을 위하여,
이미 이 땅에서 떠나 버린 이들을 위하여,
무거운 마음으로 밤하늘의 별을 본다.

사랑이라 2

오래전 아카시아 향이 그윽했던 5월.
인문관 벤치에 앉아 친구들과 얘기를 나누는 당신을 보았습니다.
웃기도 하고 고개를 까닥이고 가만히 초점 없는 눈빛으로 허공을 보기도 하더군요.
그 모습이 갓 피어난 장미꽃 같았습니다.
전 우연히 3층 창가에 앉아 있다 당신을 발견하곤 오랫동안 시선을 떼지 못하였습니다. 난생처음 보는 당신을 그렇게 저만치서 홀린 듯 보았지요.
가슴속에 작은 씨앗 하나가 움터 오더니 싹이 나고 대책 없이 자라나 당신이 떠날 즈음에는 숲을 이루었습니다.
그 순간이 너무 몽환적이어서 꿈을 꾸는 듯도 하였습니다. 머릿속은 맑고, 온갖 신경들이 꼿꼿이 일어서 사방으로 내뻗어 갔습니다.
당신의 붉은 입술과, 뭔가로 고민하는 것처럼 이마를 찌푸리는 모습은 제 마음을 떨리게 하였습니다.

5월 8일.
혹여 기억합니까?
당신은 내가 있는 이 층 유리창을 찬찬히 응시하더군요.
마치 내가 거기 있다는 걸 아는 것처럼, 햇살 탓에 결코 볼 수 없다는 걸 알면서도 움찔하였습니다.
내가 여기 있다는 걸 아는 걸까 하고요.

아!
그날은 그렇게 지나갔습니다.
어찌된 일인지 집에 와서도 그날 그곳에서의 아카시아 향이 코끝을 맴돌았습니다.

이미 오래된 일이어서 잊어버렸나요?
어떤 일들은 어제처럼 생생하게 기억되기도 하지요.
10여 년도 더 지난 일입니다. 사랑이 그림처럼 시작되었지요.
그 벅찬 기쁨과 격정을 어찌 설명할 수 있을까요?
슬픔도 외로움도 끼어들 틈이 없는 나날이었습니다.
늘 기쁨이었고 감정은 강물처럼 넘실거리며 아무 곳에서나 힘을 내는 통에 버스를 놓치고 친구들은 날 두 번씩, 세 번씩 부르곤 했습니다.
매일 시작되는 아침은 얼마나 산뜻하였는지요?
내 웃음은 바보 같았고 내 마음은 풍선처럼 붕 떠 내려앉질 않았습니다.

하지만 그렇게 오래가진 않더군요.
가을이 지날 때쯤부터 조금씩 틈이 벌어진다 싶더니, 시간이 지날수록 서로 실망하고 미워하였습니다.
고통과 기쁨의 저울추가 반반쯤 될 즈음에야 저는 우리가 바라보는 곳이 너무 다르다는 걸 알았습니다.

우리의 가치와 상식이 상이하다는 사실에 놀라기도 하였습니다.

기이하기까지 하여 어찌 그럴 수 있냐고 물었지만 당신도 내게 되물었지요?

왜 물을 마시며 그렇게 요란하게 소리를 내느냐고요? 한때는 우리가 멀어질 수밖에 없다는 사실에 벽에 머리를 박고 울었습니다. 당신도 나처럼 뜬눈으로 고통스러워한다는 것도 그즈음에 알았지요.

이듬해, 봄이 끝나갈 즈음에 내가 말하였습니다.

이제 우리 끝을 내자고 했더니 당신은 어처구니없게도 그 말을 취소하라더군요.

슬픔이나 상실감이 아닌 수치와 모욕을 받았다는 느낌을 드러내었습니다. 그 말을 본인이 하겠다며 말입니다.

아마 타인이었다면 가소로워, 헛웃음이라도 지었겠지만 눈물을 뚝뚝 떨어트리며 적의에 차 날 쏘아보며 말하는 당신에게 난 진지하게 내 제안을 없던 걸로 하였습니다.

그렇게 우린 각자의 길을 걸어가기로 한 것입니다.

혼자가 되자 열병 같은 고통과 슬픔이 내 마음속을 제 집인 양 하였습니다.

어쩌다 잠이 들어 새벽녘 눈을 뜨는 순간 당신의 웃는 모습이 떠오르는 게 너무 싫어 '아! 이 바보 같은 놈'이라고 수도 없이 뇌까렸습니다.

1년 가까이 그리하다가 그것들은 결국 떠나더군요.

당신도, 아픔도 떠나갔지만 내 가슴속은 타고 남은 재처럼 아무것도 남지 않았습니다.

모든 자양분이 빨려 나간 황무지처럼 메마르고 황폐하게 변해 버린 것입니다.

그날들을 더 이상 참을 수 없어 졸업을 앞두고 군에 들어갔습니다.

2년 남짓한 군 생활. 자존감을 갖고 살 만한 동네는 아니었지만 전 잘 해내었습니다. 달리기를 잘하고 목소리가 커서, 그런 것들이 군 생활에 소소한 편리를 주리라곤 예전에 미처 몰랐었지요.

군 복무 기간이 절반쯤 되었을 때 동기가 나를 보고 이상한 친구라 말하더군요. '넌 허깨비 같아'라고 말해 좀 놀랐던 기억이 있습니다.

돌이켜 보면 그곳에서의 생활이 기회가 아니었나 싶기도 합니다.

이 현실에 탄탄히 두 발을 딛고 살아가는 힘을 되찾을 수 있는 기회 말입니다.

그렇지만 전 그렇게 하지 않았습니다.

왜인지는 모르겠지만 내면에 거부감이 있었다고 판단됩니다.

다시금 웃고 기대하고 무언가를 원하는 내 자신을 내켜 하지 않은 묵직한 덩어리 같은 게 자리 잡고 있었습니다.

학교에 돌아오니 당신은 떠났더군요.

싱가포르로 갔다 하였습니다.

어쩌다 알게 되었지요.

하긴 헤어진 뒤로 당신을 본 기억이 없습니다.

어쩜 당신은 그때 곧바로 학교를 그만두지 않았는지 싶습니다.

졸업을 하고 종각 가까이에 있는 설계 사무소에 직장을 잡았습니다.

1년을 하루 같이 설계 도면과 함께 지내었습니다.

T 프로젝트 때는 세 달 가까이 밤을 새는 날이 더 많았습니다.

웃기는 얘기지만 당신과 연애할 때만큼이나 치열한 시간들이었습니다.

전 일에 몰두하였고 최선을 다하였습니다.

왜, 알고 있지 않나요?

내가 성실하였다는 것을요.

시간이 흘러갔습니다.

강물처럼 고요하게 아무런 변화도 없이 비슷비슷한 나날이 뭉쳐 세월이 되어 갔습니다. 어느 날 보니 서른다섯이 되어 있고 내 방 텔레비전 위는 다갈색 먼지가 뽀얗게 쌓여 있더군요.

몇 년 만에 방을 둘러보았고 내가 지금 뭘 하는 걸까 하는 생각을 하였습니다.

갑자기 내가 남의 자리에 앉아 있는 기분이 들었습니다. 수년 동안 잠을 잤던 내 방이 타인의 잠자리처럼 낯설었습니다.

그즈음에 당신 소식을 들었습니다.

결혼하여 2년 전에 국내에 들어와 방배동에 살고 있다고 말이지요.

전 직장을 강남으로 옮기고 방배동에 작은 아파트를 렌트하여 들어갔습니다.

무슨 마음으로 그러한 변화를 가져왔는지는 알 수가 없습니다.

당연하다는 듯이 그리했으니까요.

왜 회사를 그만두느냐 물었을 때 제 계획이 원래 그랬다고 대답했습니다.

계획은 웬 계획이겠습니까?

남은 인생에 무슨 계획 같은 건 가져 본 기억이 없었으니까요.

그때부터 제 새로운 생활이 시작되었습니다.

누가 보아도 미친놈이나 할 짓이었지만 전 일을 삼아 방배동 골목골목을 헤집고 다녔습니다. 휴일이나 시간이 비는 날이면 작은 륙색을 하나 매고 생수와 간식거리를 집어넣고, 어떤 날은 10시간 남짓, 평일 일을 마치고 나면 밤늦도록 걸었습니다.

처음에는 두리번거리며 당신의 흔적을 찾았지만 계절이 바뀌고 1년이 지나면서부터는 이런저런 생각들도 하였습니다.

전 자신을 잘 알고 있습니다.

딱히 뛰어난 구석도 없고 말주변이 좋은 것도 아니고 그렇다고 마음이 따뜻한 사람도 아니었습니다.

고귀한 영혼을 가진 이도 물론 아니었습니다.

생긴 것도 그저 껄렁하게 생겼지요.

앞니도 틈새가 있어 거울을 보면 늘 걸렸고 걸음걸이도 품위가 없이 좀 안짱다리 비슷하였습니다. 일자로 잘 걸어 보려 애도 써 보았지만 잘 안 되더군요.

그렇지만 당신은 아니었지요. 나중에야 당신이 좀 어리석은 구석이 있다는 걸 알게 되었지만 그 여러 모순을 커버하고 남을 만큼 당신은 순수하고 아름다웠습니다.

그런 당신이 내게 입술을 맡기고 첫 경험을 나와 함께하였다는 게 10년도 더 지나서 갑자기 이해할 수 없는 사실이 되어 내 머릿속을 떠나지 않는 것이었습니다.

매일 그때 일들에 골몰하였습니다.

마음 한구석에 처박아 놓았던 기억들을 하나씩 꺼내어 소처럼 되새김질을 하였습니다. 그러면서 정신병자처럼 고개를 까닥거리며 길거리를 헤매는 것이 일이었습니다. 모욕적인 생각이겠지만 혹여 성적인 욕구나 호기심으로 만만한 나를 선택하지 않았나 하는 추측도 하였습니다.

기억하지요? 당신이 나와 갖는 그러한 시간을 무척이나 좋아하였다는 것을요.

여하튼 오랫동안 잊었던 여러 것을 떠올렸지요.

햇빛 아래서 유독 점점이 드러났던 주근깨와 귓불이며 팔뚝에 난 솜털들. 뭔가 깨지는 듯한 묘한 웃음소리.

자신의 아름다움을 의식하고 그 아름다움에 얼마나 내가 취했는지를 탐색하는 듯한 눈빛. 첫 키스와 처음 마주 잡은 손길에서 전해오는 감촉이며 상기된 모습으로 주변의 잡다한 일들을 설명하던. 그런 여러 것들이 무덤 속에서 되살아난 것처럼, 어제 있었던 일처럼 팔팔하게 내 몸 안을, 머릿속을 뛰어다녔습니다. 그런 기억들을 반복하면서도 지루한 줄 몰랐습니다. 이틀, 3일씩 머리를 감지 않은 걸 질색해하였고 같은 바지를 계속해 입는 것도 싫어하였습니다.

그 나른한 봄날, 방귀를 뀌었다며 정색을 하고 일어나 새침한 표정으로 멀어져 가던 뒷모습도 떠오릅니다.
전 서래 마을과 방배동 성당 쪽, 이수역 시장 쪽을 많이 다녔습니다.
2년쯤 되어서 이제는 자신에 대한 의아함으로 고개를 기웃거렸습니다.
내가 정상일까?
혹 내 자신도 모르지만 이미 맛이 가 버린 건 아닐까 하고요.
사실 이런저런 증상들이 있었습니다.
여느 날은 방배역 가까이 커피숍에 앉아 있는 나를 발견하였습니다.
당신과 약속을 하고 기다리는 중이었지요.
상상력이 풍부하지도 않은 내가 그렇게 환상에 빠져 몇 시간을 보내었다는 게 기이하기만 하였습니다.
오랜만에 만난 어머니에게 겨울쯤 결혼할 예정이라 말하였는데
정신을 차리고 보니 그게 상상과 현실의 혼돈이었습니다.
그렇습니다.
아마 그런 시간이 더 지속되었다면 전 미친 사람이 되지 않았을까 싶습니다.

5월 4일.
이전에 다니던 회사 동료들 모임에서 저를 초대하였습니다.
마침 그날따라 일이 없어 좀 일찍 한강을 건너갔지요.
시간이 남아 예전 사무실이 자리한 종각, 맞은편 탑골공원 동문 쪽 벤치에 앉았습니다.
나무 그늘 아래서 지금의 녹음은 참 좋구나 하는 생각을 하였습니다.

그곳은 또 할머니, 할아버지들이 많았습니다.

나이 든 그분들이 시간을 보내는 모습을 보는 게 지루하지 않았습니다. 그러다가 시선을 돌려 맞은편 내가 일하였던 사무실 건물을 보았는데 거기에, 그 길가에 당신이 걸어가고 있었습니다. 예전과 다른 모습이었지만 전 한눈에 알아보았지요.

퇴근 시간이 되어 복잡한 도심, 수많은 사람들 틈에서 30여 m나 떨어진 당신을 곧바로 알아보다니 훗날 그때의 일이 신기하였습니다. 잠깐이면 당신을 놓쳐 버릴 것 같았습니다. 벌떡 일어나 허겁지겁 뛰었는데 몇 걸음 걷지도 못하고 기이한 자세로 바닥에 꽈당 드러눕고 말았습니다.

바닥이 홈이 있었는지 제정신이 아니어서 몸이 균형을 못 잡은 건지는 모르겠지만 여하튼 끙끙거리며 일어서려 했지만 마음뿐이었습니다.

몇 분이 흐른 뒤에야 사람들이 부축하여 겨우 엉덩이를 깔고 앉았지만 여전히 당신 생각으로 정신이 오락가락했습니다.

그 짧은 순간에 전 많이도 다쳤더군요. 발목 인대가 늘어나고 손목뼈 중 손배뼈가 부러졌더군요. 넘어지면서 가로수를 짚었는데 내 튕겨지듯 떨어지며 자세가 비틀린 모양이었습니다. 무릎에서도 상처가 깊어 피가 제법 흘렀습니다.

결국 깁스를 하고 병원에서 며칠을 보내야만 했습니다.

하얀 시트 위에 누워 사무실 후배가 가져다 준 책을 몇 권 보았습니다.

그리 여유롭게 책을 보게 된 것도 오랜만의 일이었습니다.

사가와 아카라가 지은 《공간 배치의 효율성》, 《역사는 무엇을 말하는가?》,

《정원 꾸미기》, 《로마인 이야기》.

전 인문학적이고 감상적인 책보다는 학술적이고 수치적인 책들에 더 몰입하였습니다. 그런 책들은 정신을 분산시키지 않고 단순하니까요.

인생의 목적과 같은 책은 이런저런 생각들을 하게 하여 싫었습니다.

그 책을 보며 새삼 당신이 결혼하였다는 걸 떠올렸으니까요. 그리고 난 당신에게서 무얼 원하는 걸까? 난 무엇 때문에 코뚜레에 꿰인 망아지처럼 당신이 준 기억의 울타리에서 뱅뱅거리며 헤어나질 못 하는지 의아해하였습니다.

그건 아주 별난 일입니다.

내가 바보가 아니고 딱히 변태 기질이 있는 것도 아닌데 적어도 당신에게만은 사이코에 못지않은 행태를 보이고 있으니 말입니다.

2주 가까이를 그리 지낸 후에 제 생활은 예전과 다른 패턴을 보였습니다. 현실 감각을 되찾아가면서 당신이 뿌려 놓은 마취로부터 조금씩 헤어 나오는 그런 기분이었지요. 우리 관계가 10여 년도 훨씬 전에 정리되었다는 거며 어머니가 나 때문에 늘 한숨을 짓는다는 것도 알게 되었습니다. 날마다 방배동을 헤매는 짓도 그만두었습니다.

대신 책을 읽고 주말이면 가까운 산에 오르기 시작했습니다.

담배며 칙칙함에 찌들은 몸이 깨어나는 걸 느낄 수 있었습니다. 그런 뒤에야, 어느 틈에 생겼는지 흰머리가 삐죽거리며 박혀 있고 이마에 그어진 주름도 보게 되었습니다. 아직 마흔도 되지 않았는데, 결혼도 하지 않았는데, 생긴 건 중늙은이 같았습니다. 관자놀이 쪽에 검은 점 같은 것도 두어 개 있었습니다.
아직도 마음은 스물 몇 살 같은데 그때와 별 변한 게 없는 듯한데 벌써 내 몸은 저만치 앞서가고 있었습니다. 그렇습니다. 전 별반 세끼를 다 챙겨 먹은 기억이 없을 정도입니다.
그 많은 담배와 잦은 밤샘 작업, 말이 건축사지 우리나라의 설계 직업이라는 건 거의 중노동과 다를 바 없습니다.
내가 내 몸을 내팽개쳐 두었다는 걸 알았습니다.

그렇게 가을이 지나가고 겨울이 오고 또다시 봄이 왔습니다. 아카시아 향이 날리는 5월도 또 왔습니다. 언제부터인지 가끔 방배 성당 가까이, 북적거리지 않는 조용한 커피숍에서 커피를 한잔씩 하곤 했습니다. 바로 상상 속에서 당신과의 만남을 약속하고 앉아 있었던 그곳 말입니다.

그날도 창밖 아카시아 꽃을 보며 멍하니 앉아 있었습니다. 커피를 홀짝거리며 아카시아 향이 이곳까지 올 수 있을까 하며 코를 킁킁거려 보기도 하면서 말이지요. 일요일 이른 시간이어서 제법 많은 사람들이 성당 쪽으로 걸어갔습니다.
성당 하니까 갑자기 또 당신 생각이 나더군요.
당신이 성당에 다녔던 걸 기억한 겁니다. 그 생각을 하며 고개를 까닥거리는데 또박거리는 여자의 힐 발자국 소리가 들리더군요.
그리고 내 앞에 누군가가 서더니 허락도 없이 의자를 빼내고는 자연스럽게 내 앞에 앉는 사람이 있었습니다.

여자더군요. 알이 큰, 새까만 선글라스를 낀 채로 그녀는 배시시 웃더니 "잘 지냈어요?" 하고 물었습니다.

아주 윤이 나는 아름다운 여자였습니다.

저는 이마를 찌푸리며 내심 이 여자가 누구지 하였습니다.

입술은 아주 빨간 립스틱으로 뒤덮여 다소 현실적이지 않은, 연예인과 같은 느낌이 들었습니다.

무의식적으로 주근깨를 찾았지만 주근깨는 보이지 않았습니다.

"저 모르겠어요? 이진규….'"

진규, 진규라면 당신의 이름인데. 당신은 천천히 안경을 벗더군요. 아! 사람이 이렇게도 달리 보이게 되는구나 하는 생각을 하면서 정신이 또다시 오락가락하더군요. 현실인지 상상인지 도통 감이 오지 않았습니다.

"형, 나야."

쉿소리를 내는, 예전보다 더 강해진 특이한 음성이었습니다. 왜 꿈속에서 수도 없이 들어서일까요? 형, 나야, 나야, 하는 울림이 메아리처럼 반복되어 들리는 것 같았습니다. 어찌 하는 짓이, 표정이며 몸짓이 10여 년도 더 지난 그때와 거의 변한 게 없어 보였습니다. 난 길게 숨을 들이켜면서 아무 대꾸도 없이 당신의 눈을 바라보았습니다. 잠깐 그 고상한 몸짓과 도도함을 유지하는가 싶더니 얼마가 지나자, 그 눈가로 눈물이 주르륵 흘러내려 탁자 위로 톡 떨어졌습니다. 전 가슴이 탁 막혀 그냥 그렇게 있었습니다. 얼마 되지 않아 당신은 훌쩍이기 시작하더니 휴지를 찾아 코를 풀더군요. 두어 번 그 짓을 반복하더니 날 쏘아보았습니다. 오래전 그날 내가 당신에게 절교를 선언할 때처럼 당신의 눈빛은 당혹스러웠습니다. 마스카라가 번진 검은 자국이 얼굴 여기저기에 남아 있고 거기에 입술은 여전히 너무 붉었으며 그 눈빛까지도 유별하였으니까요. 그러더니 이번에는 엉엉 소리 내어 울었습니다. 그것도 큰 소리로 말이지요. 어찌나 슬피 우는지 나도 바보처럼 눈물이 나더군요. 당신은 화장실로 갔고 한참 동안 돌아오지 않았습니다. 처음에는 그렇게 격한 회오리바람 속에 들어서진 않았습니다. 전 그렇게 예민한 사람도 아니고, 갖고 있는 감정이 화려한 사람도 아니니까요. 그저 가슴속에 무언가가 턱 막혀 힘들었습니다. 도통 갈피를 잡을 수 없었고, 이후에는 내가 그렇게나 못 잊어 하는 당신이 내 앞에 있다는 거, 꿈인지 현실인지 몇 번이나 스스로 체크를 했다는 정도입니다. 그렇지만 시간이 좀 지나서 이 상황이 어떤 상황인지 의아했습니다. 당신이 어떻게 내 앞에 나타날 수 있었는지 모를 일이었습니다. 결혼한 여자가 오래된 남자 친구 앞에서 이렇게 울어야 하는 이유도 알 수 없었습니다. 여러 감정이 불꽃처럼 타오르고 재가 되었습니다. 여러 생각들로 머릿속도 복잡하였습니다. 전 비틀리는 몸을 바로 하려 하였고, 길게 숨을 들이쉬며 침착하려 애썼습니다. 다시 나타난 당신은 처음처럼 검은 안경을 다시 쓰고서 다듬어진 표정을 짓고 내 앞에 앉더군요.

"오랜만이구나."

전 처음으로 입을 열었습니다.

"변한 게 없어 보여요."

"뭐가?"

"그 무표정, 겉과 속이 다른 모습."

"내가? 내가 겉과 속이 다르다고?"

"몰라요? 그래요. 형은 옛날부터 자신이 어떤 사람인지 몰랐어요. 얼마나 이기적인지.

얼마나 위선적인 사람인지. 얼마나 차가운지. 본인 스스로도 모르는 사람이에요."

그 말을 듣자 머리부터 시작해 가슴으로 발끝까지 아주 차갑게 변해 가는 걸 느꼈습니다.

차가운 사람이라고? 넌 무슨 턱도 없는 소리를 하느냐고 소리치고 싶었지만, 생각해 보지도 않은 그 말이, 생전 처음 들어보는 그 말이, 예리하게 가슴을 후벼 파는 힘이 있었습니다.

그렇습니다. 어쩌면 내가 위선의 가면을 쓰고 살아왔는지도 모르지요. 그 위선이 무얼 의미하는지 정확히는 모르지만, 검은 선글라스 아래 붉은 입술에서 번지듯 새어 나오는 당신의 말은 거부하기 힘든 설득력을 갖고 있었습니다. 다시금 눈물이 흘러내리더군요.

그 눈물을 훔치지 않고 당신은 천천히 안경을 얼굴에서 떼어 내었습니다. 아름답고 슬픈 눈동자가 날 향한 채로 움직이지 않았습니다. 난 지금 생각해 보아도 그날, 그때 그 순간, 그 언저리의 시간들은 현실적이지 않은, 시공을 초월한 듯한, 영원과도 같은 기분이 들곤 합니다.

"그래서 잊으려 했어요. 한때는 잊은 줄 알았어요. 그렇지만 전 형을 잊을 수가 없었어요."

"…."

"전 형을 사랑해요."

그리곤 당신은 훌쩍이기 시작하더군요. 금세 화장실에 갈 때와 똑같은 얼굴이 되고 말았습니다.

아!
그렇습니다. 어느 순간, 당신도 나와 똑같았다는 걸 알게 되었습니다. 우린 깊고도 깊은, 도저히 빠져나올 수 없는 사랑이라는 한 우물에 갇혀 있다는 것을요.

그날 처음으로 내가 한 아이의 아빠라는 것도 알게 되었습니다.
이제 열세 살이 된 그 아이를 보고 난 너무 가슴이 벅차 한동안 어찌할 바를 몰랐습니다.
애정과 호기심으로 가득 찬 그 녀석을 안을 때, 그 감촉을 뭐라 설명을 못 하겠군요.
기적이라는 게 이런 건 아닐까 하였습니다. 똘망거리는 두 눈을 이리저리 움직이며 날 살피는 그 얼굴이라니. 주근깨가 보이고, 앞니가 고르지 않은 건 날 닮아 있었습니다.
"내가 여기 있다는 건 어찌 알았지? 우연이야?"
"어데서 사는지, 일요일에 무얼 하는지도 알아."
"결혼은?"
"형을 기다리고 있었지."
"결혼했다는 소식을 들었어."
"그게 편해서."

당신은 내게 처음이자 마지막 여자가 될 터입니다. 당신을 사랑합니다. 여태껏 그래 왔고 앞으로도 그럴 겁니다. 내 몸이 늙고 쇠하여 기력이 딸려 지팡이를 짚고 다녀도 당신을 보는 눈빛은 늘 그윽할 터입니다. 잘은 모르지만 당신이 싫어한다는 그 무표정과 차가움도 바꾸려 노력할 터입니다. 사는 일은 온갖 다양함으로 가득 차 있고 세상에는 아주 많은 일이 있다는 걸 알고 있습니다. 그렇지만 제 인생은 당신이라는 사람의, 사랑이라는 코뚜레에 꿰인 소가 되고 말았습니다. 그런 게 운명이 아닐까 합니다. 삶에 있어 사랑이라는 게 별 의미도 없고 삶의 작은 부분이 될 수도 있었겠지만, 전 어쩌다가 그런 깊고도 깊은 수렁에 빠져 버려 어찌해 볼 수가 없네요. 여러 것들이 별 의미가 없고 늘 당신만이 가치이며 의미가 되니까요.

당신을 사랑합니다.
영원히.

차탁

그는 누구인가요?
그는 나에게 어떤 의미를 갖고 있을까요?
그가 만들어 준 차탁에 앉아 이리 글을 쓰고 있습니다.
붉은 빛의 월넛 원목으로 만든 아주 작은 탁자입니다.
두어 권의 책을 펼쳐 놓으면 꽉 차 버리는 좁은 공간을 갖고 있지요.
손가락으로 두드리면 아주 기분 좋은 소리가 납니다.

지난해 봄에 그를 만났습니다.
우린 시골 초등학교 동창이지요.
초등학교를 졸업한 후로는 그를 본 적이 없었습니다.
나이가 들어 재경 모임이 있었는데 그가 나온 것입니다.
난 그가 누군지도 몰랐습니다.
지난날 그와 함께한 기억도 없었습니다.
그랬던 그가 내게 깊은 인상을 남긴 건 모임이 끝나고 서로들 헤어질 때였습니다.
그는 내 옆에 서 있었습니다.
악수를 하고 안아도 주면서 한 사람씩 골목길로 사라져 갔지요.
그런데 그가 이마며 콧등까지 일그러트리며 소리 없이 울더군요.
밤이었고 비가 오고 있었지요.

어수선하여 다들 몰랐지만 전 그런 그를 가만히 지켜보았습니다.
그리고 등을 보이며 그 또한 사라져 갔습니다.
전 아주 난감한 감정으로 우산을 쓰고 좀 걷다가 택시를 타고 집으로 돌아왔습니다.

후에 발이 넓은 친구에게 물어 보았습니다.
별반 아는 게 없더군요.
초등학교를 졸업하고 서울로 떠난 뒤에 처음 나타났다 하였습니다.
아주 가난하였고 말수가 없는 그런 친구였다 기억하고 있었습니다.
난 그가 궁금하였고 나중에는 그의 삶까지 궁금해졌습니다.
용케 그의 전화번호를 알아내어 전화를 하였습니다.
나는 그를 몰랐지만 그는 나를 알고 있더군요.
여러 추억거리를 갖고 있었고 또렷하게 그날들의 일들을 기억하고 있는 것이었습니다.
그 일도 신기하였습니다.
과거에 그런 일들이 있었다는 사실이 말입니다.
우리 만남은 그렇게 시작되었습니다.
통화한 후 한 달쯤 되었을까요?
지나가는 길이라며 전화가 왔습니다.
사무실을 나서 몇 걸음 걷지도 않았는데 그가 있더군요.
그의 곁에는 개인택시가 있었습니다.
그랬습니다. 그가 뭘 하고 사는지 궁금했는데 그는 택시 운전을 하고 있었습니다.
그가 살아온 이야기도 들었습니다.
어머니가 일찍 돌아가신 거며 소풍날 학교에 가지 못하고 나무를 하러 산에 갔는데 어쩌다 학교에서 그곳으로 소풍을 와 나무 뒤에 숨어 울었다는 얘기도 하였습니다.
나약하고 무능했던 아버지 얘기,
그런데 그런 아버지를 자신이 닮았다는 거며
선생님 한 분이 꼭 넌 그림을 그려라 했는데 그 선생님이 보고 싶다고도 했습니다.
그는 진지하였고 한 마디, 한 마디는 진정성이 있었습니다.
뭐라 설명하기 힘든, 아주 별난 시간이었고 만남이었습니다.
우린 그저 그의 택시 옆에서 자판기 커피를 뽑아 마시며 잠깐 함께하였을 뿐이었습니다.

두 달이 더 지난 늦여름에는 내가 그를 찾아갔습니다.
창신동의 아주 작은 장기 임대 아파트였습니다.
그곳에 그는 형과 함께 살고 있었습니다.
두 사람 다 결혼을 하지 않았더군요.
'누가 나 같은 사람을 좋다고 하겠어'라고 말하였습니다.
난 그에게 말하였지요.
'너 같은 사람을 좋아하지 않고 누굴 좋아하겠니?'라고요.
형은? 하고 물었더니 몸이 좋지 않아 지금은 자는 시간이라 하였습니다.

그의 방은 방이라기보다는 작업실 화랑 같았습니다.
크지도 않은 공간에 많은 그림과 탁자, 의자, 공예품들이 함께하였습니다.
그리고 구석진 곳에 놓인 침대는 군부대 간이침대 같았습니다.
그는 아주 낯선 삶을 갖고 있는 듯 보였습니다.
목공예 도구들이 한쪽 구석을 차지하고 있었고 사방에 그림들이 가득 차 있었습니다.
그리고 그 그림들에는 어느 예술 작품처럼 느낌이 있었습니다.
꽃을 그린 그림이 많았는데 거기에는 꿈속에서처럼 몽롱한 그만의 세계가 있었습니다.
다들 현실적이지 않았습니다.
어두움과 밝음의 조화로움도 낯설었습니다.
어떤 상징을 찾아내어 그 이미지를 강화시켜 그만의 색깔을 도드라지게 드러내 보였지요.
그리고 그 이미지에 정신과 감정까지 이입되지 않았나 하는 기분이 들었습니다.
예사롭지 않아.
내가 그리 말하였더니, 그는 그림을 그리기 시작하면 시간이 어찌 가는 줄 모른다 했습니다.
깜빡하면 아침이 환하게 밝아 있다 합니다.
그림을 배운 적도 없다 합니다.
그저 인터넷을 검색해 읽어 보고 그 가르침을 시도해 본다 합니다.
그렇지만 그는 잘 해내고 있는 듯 보였습니다.

그림을 그리는 그 시간이 너무 좋다 합니다.

그리고 그가 매일 두세 시간밖에 자지 않는다는 것도 그날 알았습니다.
새벽녘에 잠이 들어 아침이면 깨어난다는 것입니다.
새벽이 오기 전까지는 잠을 이룰 수 없다 합니다.
아니 잠을 자는 시간이 아까워서 눈을 감을 수 없다 합니다.
오랜 세월 그리 살았다 말합니다.
잠을 자는 시간이 아깝다구!
난 혼자 갸웃거립니다.
몸이 어찌 버티지?
그는 고개를 저으며 타고났는지 아프지도 않는다 합니다.
난 그를 다시 보았습니다.
머리부터 발끝까지 찬찬히 보았지요.
새삼 그의 독특함이 살아나 보입니다.
손마디는 굵고 커다랗습니다. 목도 두껍습니다. 눈은 좀 퀭하지만 깊이가 있어 보입니다.
난 내 감정에 못 이겨 그를 안아 주었습니다.
그가 참으로 근사하게 다가왔기 때문입니다.
그도 나를 안아 주더군요.

그날 그가 구석진 곳에 놓인 조그만 월넛 원목을 들어 보이며 색깔이며 느낌이 좋지 않느냐 물었습니다.

그렇지만 그런 게 내게 별 의미는 없었습니다.
그냥 고개만 끄덕였지요.
그가 내게 차탁을 만들어 선물하고 싶다 하였습니다.
번거롭게 그럴 필요 없다 했습니다. 요즈음은 모든 게 넘쳐나 까딱하면 쓰지도 않고 굴러다니다 치워질지도 모른다며 관두라 하였는데 그는 아니라며 고개를 흔들었습니다.

가을이 되어 그가 다시 찾아왔습니다.
그가 만든 차탁을 트렁크에 싣고 말이지요.
첫눈에 아주 마음에 들었습니다.
시간이 비는 대로 며칠 작업을 하였다 했습니다.
바쁜 그를 붙잡고 저녁을 같이 하였습니다.
어쩌다 술도 곁들였습니다. 저는 술을 못하는데 이 친구는 소주를 물 마시듯 하더군요.
기분이 좋아진 우린 잡다한 얘길 쉬임 없이 주고받았습니다.
그런 분위기며, 그리 나불거리는 내 자신이 의외였지만 근사한 시간이었습니다.
한밤이 되었습니다.
어찌 홀짝거리다 보니 그리 되었습니다.
다 큰 어른 둘이 사는 게 불편하지 않아?
난 퍼뜩 생각이 나 그리 물었습니다.
아픈 형의 뒤치다꺼리를 하며 산다는 게 너무 힘들 거라고 생각했으니까요.

교통사고로 14년 동안 형이 사회생활을 못한다 하였습니다.

사실 그의 삶이 안타까웠습니다. 친구인 그가 좀 더 밝고 삶을 즐기며 지내기를 바랐습니다.

그런데 그는 고개를 흔들며 웃었습니다.

형은 가족이자 삶의 위안이고 인생의 동반자라 하였습니다.

난 멈칫하며 입을 다물었습니다.

정신이 퍼뜩이며 난 속된 인간이 되었음을 자각하였습니다.

형이 답답한 사람이긴 하지.

잔소리도 많아.

반찬 투정도 많이 하고. 그렇지만 술이라도 한잔 같이 하며 옛날 얘기를 주고받으면 뭐라 설명하기 힘들 만큼 좋아.

집에 돌아오면 날 기다리는 사람이 있다는 게 내게 힘을 줘.

형의 아픔을 가져오고 싶기도 하지.

오래전 형은 아버지처럼 날 돌보았어. 나이가 몇 살 차이가 나지도 않는데 말이야.

그런 형이 저리 살아가는 게 너무 가슴이 아퍼.

난 고개를 끄덕였습니다.

'네 인생도 있지 않아?'라고 묻고 싶었지만 그리 하지 않았습니다.

그는 그날 술에 취해 제 개인택시를 놓아두고 집에 들어갔고 다음 날 다시 와서 자기 차를 가져갔습니다.

그는 아무것도 갖고 있지 않아 보였지만 그의 삶은 여유로웠습니다.

그의 삶에는 사랑이 넘쳐 났고 마음속 정열이 살아 있었습니다.

그저 그의 관심과 가치라는 게 주변의 사람들 목공예 그림 그런 것들이 었습니다.

그런 것들에 몰두해 사는 것입니다.

재산을 모으고 자신을 위해 무언가를 하는 일에는 애당초 관심이 없었습니다.

그런 것보다는,

가까운 이들에게 혹은 낯선 타인에게 무언가 해 주고 싶어 하고 그 일에 더 많은 기쁨을 느끼고 있었습니다.

그가 만들어 준 차탁을 어루만지며 그런 그의 사랑과 애정을 느낍니다.

밤새 그림을 그리는 일이 너무나 좋다는 그가 떠오릅니다.

자정이 넘은 이 시간, 혹여 그가 지금도 그림을 그리고 있지 않을까 짐작해 봅니다.

그래서, 그가 만들어 준 차탁의 나뭇결을 어루만지며,

삶의 아름다운 면면에 눈을 감고 건들거립니다.

바보

이 세상을 살아가는 사람들 중
바보가 아닌 사람이 있을 수 있을까?
바보가 아니고서
이 세상을 살아갈 수 있을까?

여행이란 뭘까?

여행이란 무엇일까?
일상이 아닌 시간을 만나는 건 아닐까?
나이가 들어가면, 삶은 조금씩 틀에 잡혀 가고
견고한 울타리가 만들어진다.
그것은 가족과 친구들, 편안한 집, 사회적 지위나 조건들이다.
그들은 나를 편안하게 하고 반복되는 일상에 묻히게 한다.
조금씩, 조금씩 습관화되고 그 테두리에 묻혀 가는 삶은
어느 틈에 이 넓은 세상의 수많은 다양함에서 자신만의 굴을 파고
그 속에서 화석화된 가치를 갖고
좀처럼 변하지 않는 삶을 살아가는 것이다.

여행은 그런 일상에서 떠나는 게 아닐까?
세상에는 그런 것들 말고도 여러 것들이 있다는 걸
보여 주는 건 아닐까?

낯선 음식을 먹고
낯선 문화를 체험하고
낯선 사람을 만나고
낯선 자연과 함께하는 것.

잔지바르 아루샤의 색깔

잔지바르와 아루샤를 떠올리면 아련한 이미지가 있다.
기억들은 또렷하지 않다.
여행 목적지에 대한 인식이 전혀 없이 일상과 같은 마음으로 잔지바르 섬을 향했었다. 사전에 계획하지도 않았고, 18세기 가장 유명했던 노예 섬인지도 몰랐다.
탄자니아의 수도 다르에스살람에서 우연히 만난 보석상이 소개해 준 곳이었다.

숙소를 찾아 이동하는데 중고차를 이용하였고 그 중고차가 고장 났을 때 그들은 스스로 자동차를 체크하였다. 타르처럼 검게 변한 엔진 오일이 인상적이었다. 한 번도 엔진 오일을 갈지 않은 건 아닌가 하였다.
이른 아침 돌고래를 쫓아다녔다. 섬에 들어가 활동을 한 건 그날 아침뿐이었다. 커다란 소라 껍데기를 사서 귀에 대고 파도 소리를 들었다. 독일인이 운영하는 게스트 하우스에서 바다를 내려다보며 시간을 보내었다. 아침에도 보고 초저녁에도 보고 밤에도 보았던 그 바다는 내가 여태껏 보았던 어느 바다보다도 아름다웠다.
그 층층이 이어진 바다 색깔이라니. 연초록, 비춧빛, 옥빛, 파랑, 검푸름. 난 감탄하였다.
그 빛들은 봄날 산등성이를 쫓아 올라가는 색깔의 잔치 같았다. 잔지바르의 바다는 내가 가장 좋아하는 봄날의 초록빛만큼이나 볼만하여 지루한 줄 몰랐다. 아침이면 늘 많은 사람들이 바닷가에서 허리를 구부리고 무언가를 하고 있었다. 먹을거리를 따는 걸까?
헌데 왜 다들 콜라병을 들고 있지? 난 궁금해하면서도 가까이 가지 않았다. 왜인지는 모르지만 난 한여름 시들시들한 닭처럼 힘이 빠져 있었다. 그저 바다가 저럴 수도 있구나, 저리도 기이한 색깔의 차이를 갖기도 하는구나 하였다. 저 사람은 꽤 오랫동안 저곳에만 있구나 하였다. 어쩌면 그때 이미 말라리아에 걸려 있었는지 모르겠다.

아침마다 그들이 허리를 구부리고 했던 일들은 조그마한 열대어를 잡는 일이었다. 돈벌이였다.

아루샤를 향한 건 며칠 후였다.
그곳에는 킬리만자로가 있었고 세렝게티 국립공원이 있었다.
동물의 왕국에서 수많은 누 떼가 강을 건너는 곳, 악어가 기다리는 곳 말이다.
이곳 아프리카를 찾은 주목적이 킬리만자로 산행이었지만 말라리아라는 기이한 병에 걸린 후에 의욕을 잃어버렸다. 여러 일들에 흥미를 잃어버렸다 해도 무방할 터였다. 힘들여 끙끙거리며 산에 오르고 싶지 않은 것이다. 잔뜩 기대를 하고 오사카, 두바이, 다르에스살람, 거의 24시간 동안 비행기를 타며 고생스레 찾아왔지만, 돌아서면 아무런 의미도 없어져 버리는 게 사람의 마음이 아닌가 싶었다.

말라리아는 그 증상이 너무 독특하였다. 난 열이 나고 얼굴이 붉어지다가 그 증상이 사라지곤 하였다. 두통이 이어지기도 했지만 언제 그런 일이 있었냐는 듯 정상이 되곤 하였다. 그런 현상이 반복되어 의심이 되었고 피검사를 받았다. 말라리아 판정을 받고 바로 주사를 맞았는데 관련자 말로는 직방이라고 하였다. 1기, 2기, 3기, 이런 진행 과정에서 초기에 발견되면 별 게 아니라고 설명해 주었다. 그랬으니 뭐 킬리만자로를 못 오를 것도 없었지만, 이전에 열망은 어데다 버렸는지 의무감으로 아루샤를 향한 것이다. 산 밑에 도달하면 마음이 어찌 변할지, 그럼 킬리만자로를 올라가야지 하는 마음도 있었다. 그게 아니 되면 세렝게티를 다녀올 거라 다짐했다.

아루샤.
버스에서 내리자마자 수많은 호객꾼이 몰려들었다. 새카만 건장한 이들이 몰려들어 난 당혹스러웠다. 그 수가 너무 많고 서로를 밀쳤으며 거칠었다. 난 그저 이곳을 잘 아는 척하며 방향을 잡고 빠르게 그곳을 빠져나왔다. 그리고 곧바로 고개를 쳐들어 바라본 건 메론산이었다. 아루샤는 그 메론산의 산기슭 해발고도 1,350m에 위치했다. 메론산은 바로 눈앞에서 뾰족하게, 그리고 거창하게 솟아올라 있었다. 난 아루샤에서 몇 번이나 고개를 쳐들어 그 산을 올려다보았는지 모른다. 메론산은 여태껏 보아 온 여느 산과 달랐다.
고도 4,500m의 산이 저처럼 대칭으로 우뚝 자리한다는 게 신기하였다. 저곳을 오를까 고민도 하였다. 아루샤는 여느 아프리카보다 덜 더웠고 지내기가 좋았다. 주위는 기름진 땅이 펼쳐져 있으며, 커피, 사이잘삼, 제충국, 파파야 등을 산출하는데 아루샤는 그 집산지였다.

호텔 숙소에서 만난 마사이족은 경비였다. 붉은 망토를 걸치고 묘한 나무토막을 들고 다녔는데 호신용, 제압용 무기였다. 80~90cm로 끝이 뭉툭하게 구부러진 나무로 무겁고 단단하였다. 흑단 같아 보였지만 색깔이 검지 않았다. 그걸 어찌 사용하는지 모를 일이었다.

그 녀석은 어찌나 호리호리하였던지. 딱히 근육 한 조각 보이지 않았다. 그런데도 내 느낌에는 무척이나 강하겠구나 하는 감이 오는 것이었다. 그의 몸이 욕심나기도 하였다.

그는 일정한 시간이 되면 호텔을 한 바퀴씩 돌았다. 낮에는 없어졌다가 밤이 되면 나타나 아침이 되면 사라졌다. 어깨에 흉터처럼 올라온 몇 개의 자국이 별나 물어보았더니 자기네 부족은 사자를 한 마리 잡을 때마다 이 표시를 하나씩 해 준다 하였다. 그리고 사자를 잡을 때는 먹이를 먹고 사자가 휴식을 취하는 순간이 가장 좋다고 했다. 사자가 피를 많이 먹으면 앞을 보지 못한다는데 그때 달려들어 창을 꽂는다고 했다. 내가 만난 그 마사이족과 어울리는 또 다른 호텔의 마사이족도 똑같은 붉은 망토에 똑같은 나무토막을 들고 다녔다.

그 녀석은 키가 더 크고 더 용맹해 보였다. 두 녀석이 나란히 서서 얘기를 나누면 아주 근사해 난 시선을 떼지 않았다. 눈빛은 짐승의 그것처럼 깊게 침전되어 있었고 표정은 석고처럼 단단하여 늘 그 얼굴에 그 표정이었다. 대화도 몇 마디 하지 않았다.

그리고 내가 무엇보다도 아루샤에서 가장 좋아했던 건 보랏빛이었다. 도심은 나무로 가득 차 있었고 건물들은 그 나무들에 둘러싸여 있었다. 여느 도시처럼 나무들이 건물의 보조품으로 자리하고 있는 건 아니었다. 그들은 자연스럽게 조화를 이루고 있었다.

그리고 그 나무들 위로 무리 지어 피어난 보라색 꽃들이라니. 어떻게 저 큰 나무에 저렇게 많은 꽃이 피어나는 거지? 저 색깔이라니! 한두 나무가 아닌 사방에 보라색 꽃 무더기가 펼쳐져 있었다. 이국적이라는 게 새삼 와닿는 그런 풍경이었다. 난 그 풍경과 보라색이 좋아 아침저녁으로 걸었다. 그러면서 난 비실거림을 떨쳐 내었고 다시 힘을 찾았다. 미루어 짐작건대, 잔지바르의 초록 바다와 아루샤의 보랏빛은 내 마음속 어느 구석진 곳에서 스피넬처럼 붉게 빛나고 있을 터이다.

3박 4일

이른 아침, 8시도 되지 않았는데 정원 씨가 나와 있다. 창문 너머로 손을 세차게 비비는 정원 씨가 보인다. 저 친구가 일과를 시작하기 전에 하는 몇 가지 행동 중 하나이다.
기가 세서인지 머리카락까지 꼿꼿이 서 있다. 그가 이마를 찌푸리고 자판을 두드리기 시작한다. 저 타닥이는 소리를 오래도 들어 왔다. 그는 늘 굳건한 자세를 유지한다. 허리까지 곧바르다. 흐트러진 모습을 거의 본 적이 없다. 최선을 다하고 타인에게 피해 주는 일을 극도로 경계한다. 9년이 넘도록 한결같다. 아침 인사며 가끔씩 짓는 미소가 좋다. 웃을 때 아주 선해 보인다. 10여 년 정도 젊어 보이기도 한다. 충청도 양반이어서일까? 그는 마흔이 다 되어 가는데 혼자이고 여태껏 원룸에서 헤매고 있다. 버는 돈은 늘 부모와 동생들에게 먹이를 나누어 주듯이 배분한다. 마지막 남은 돈으로 자신의 생활비를 충당하는 것이다. 왜 그렇게 사느냐 물어본 적이 있다. 그랬더니 그건 장남인 자신이 당연히 해야 할 일이란다.
"네 인생은?"
그건 차후의 일이라 말한다. 내가 볼 때 그는 수렁에 빠진 듯하다. 그 수렁은 현실적인 문제보다는 그 자신의 사고방식에 있지 않나 싶다. 그의 정신세계와 현실은 끈끈하게 얽혀 그를 옭아매고, 그는 그 울타리 안에서 뱅뱅거린다. 저 친구가 가진 감정은 어떤 모양일까? 무게는 얼마나 나갈까? 색깔은 칙칙하지 않을까 싶다.

그의 웃음은 늘 비슷하다. 그는 좀처럼 변하지 않는 사람이다. 1년 전에도, 몇 년 전에도, 이 시간이면 저 자리에서 일을 하고 있었다. 표정도 몇 가지 되지 않는다.

책상 위를 정리하고 그에게 얼마간 자리를 비우게 되었다 말한다. 그는 웃으며 잘 다녀오란다. 문을 밀고 나가는 내게, 아직 나오지 않은 동료들에게 잘 얘기하겠다며 구경도 많이 하란다. 난 몸을 돌려 그를 보고는 고개를 끄덕였다.

"고마워."

변하지 않는 그가 위안이 된다.

***

오늘 박병수 씨와 3박 4일 여행을 떠나기로 한 날이다. 몇 번 생각만 하고 말았지 못 하였던 일이다. 살면서 알고 지냈던 몇 사람을 만나 보고 아무런 생각 없이 이곳저곳을 다녀 보고 싶었다.

박병수 씨를 처음 만난 건 벌써 오래전의 일이다. 설악산 대청봉 가까이 자리 잡은 중청 산장에서이다. 내가 서른이 된 그 시간에 그는 마흔이 되어 가고 있었다. 체격이 건장해 보였지만 배가 거창하게 튀어나온, 다소 균형이 잡히지 않은 몸이어서 저 사람이 어찌 이 겨울, 산 정상까지 올라왔을까 하는 의아함을 가졌었다. 산장에 등산객이라고는 그와

나 둘뿐이었다. 우린 함께 저녁을 먹었고 술을 마셨다. 어찌나 빨리 먹고 마셔 대는지 금세 빈 소주팩이 늘어났다.

그런데도 그의 배낭에서는 자꾸 소주가 나왔다. 자정이 지날 때쯤 그는 날 보고 친구로 지내자 하였다. 일곱 살이나 더 많은 그가 "김 형, 김 형" 하면서 말했다. 난 고개를 흔들었다. 한참 선배님 같은데 친구가 되는 건 불편하다 했다. 그랬더니 그 사람 왈, 그깟 나이가 무슨 상관이냐 말하였다. 남자가 마음이 통하고 말이 통하고 느낌이 있으면 친구가 되는 거라 했다. 내 쪼잔한 성격상 그리 호탕하게 말하는 그가 대단해 보였다.

지금까지도 그와 관계를 유지하고 있다. 지내오면서 그의 용서할 수 없는, 이해할 수도 없는, 무책임하고 이기적인 모습들을 수없이 보았고, 사심 없이 베푸는 모습도 보았다.

오랜 세월 그를 보았지만 한 순간도 사색이라든가 조용히 생각에 잠긴 모습을 본 적이 없다. 끊임없이 순간의 즐거움을 찾아 허공을 부유하며 날갯짓을 되풀이하는 하루살이 같아 보이기도 했다. 한때 운 좋게 벌었던 재산이 줄고 줄어 빈털터리가 되어 그를 떠나가는 여자도 본 적이 있다. 하지만 그보다는 그가 곁에 있는 여자를 내팽개치고 떠나는 모습을 더 많이 보았다. 현실이, 상황이 힘들고 복잡하면 남아 있는 사람이 어찌 되었든 그는 저만 살겠다고 훌쩍 어데론가 사라져 버렸다. 내게 울면서 그를 찾아 달라는 이도 있었다. 그는 나와도 연락이 끊어지곤 했다. 어데론가 사라졌다가 잊을 만하면 불쑥 나타났다. 다시 만난 그는 늘 여전하였다. 어제 헤어진 사람처럼 날 대하였다. 2010년쯤에는 거의 그를 잊었었다. 내가 찾을 길도 없었다. 오랜만에 연락이 와 만나 보았더니 그동안 영주에서 모텔 관리인으로 지내었다 하였다.

먹고 자고 월 130만 원씩 받았다며 그 일도 능력이 있어야지 아무나 시켜 주는 건 아니란다.

소식이라도 한 번 주지 그랬냐 하니 "거, 뭐 하게요?"라고 말했다. 그는 사람 사이의 관계를, 그 이면의 가려진 진실을 똑바로 알고 있는 듯도 싶었다. 후에는 그의 아이들까지 그와의 대면을 거부하였다. 그는 여자도, 자신의 아이에게도, 그 누구에게도 별다른 애정도, 집착도 갖지 않았다. 적어도 내가 보기에는 그랬다. 그저 아무 여자에게나 곧잘 수작을 걸었고 또 그 상황, 상황에, 그 앞에 나타난 어느 여자에게나 최선을 다하였다. 이해관계에 집착하지 않았고, 허풍 떨며 제 자랑하길 좋아할 뿐이었다. 그런 이유들로 늘 그의 곁에는 여자와 친구들이 있었다. 아마도 내 젊은 날 설악산에서 만났던 그는 내가 아닌 그 누가 있었어도 그 사람과 친구가 되지 않았을까 싶다.

목요일이다. 오늘 아침에 배낭을 꾸렸다. 양말, 팬티, 헤드 랜턴도 있고 샌들도 집어넣는다.

쓸모가 있을지는 모르지만. 대부분은 늘 다니는 산행 탓에 이것저것 들어 있는 배낭만 들쳐 메면 그만이지만 이번 외출은 산행이 아니니 말이다. 편한 운동화를 신고, 혹여 천학산에 오를까 싶어 등산화도 챙겨 집을 나왔다. 사무실 건물 주차장을 나서기 전에 자동차 뒷좌석에 놓인 배낭을 본다. 우산을 넣었나? 혼자서 중얼거린다.

방배동에서 춘천까지는 시간에 따라 다르지만 1시간 남짓 걸리지 않나 싶다. 이수역을 지나 올림픽도로에 차를 올린다. 서울, 춘천 간 도로에서 시속 210km까지 밟아 본다.
이제 막 개통한 도로여서인지 과속 탐지기가 설치되어 있지 않다. 있을지도 모르겠지만 눈에 띄진 않는다. 생각처럼 차가 묵직하게 가속이 붙지 않는다. 액셀을 끝까지 밟아 보려다 관둔다. 어릴 적엔 괜히 감정이 울렁거려 위험한 추월들을 하곤 했었지만 이젠 그런 짓도 하지 않는다. 그만큼 이제는 감정이 흘러넘치지 않는 것이다. 음악을 틀고 이런저런 생각을 한다. 날씨는 잔뜩 흐렸고 기분은 이렇다 할 표정이 없었다. 순천 IC에서 중앙고속도로를 빠져 10여 분 달리니 석사동이다. 톨게이트를 나와 극동 아파트를 끼고 신호등이 있는 교차로를 두 번 지나 6m 도로에 접어들어 잠깐 지나니 저만치 그의 사무실이 보인다.
인력 사무실도 아니고 저걸 뭐라 할까? 몇 번 들렸었는데 잡다한 일은 다 하는 거 같다.
배관, 규모가 작은 토목, 철거, 미장까지. 몇 사람이 모여 건축에 관련된 일을 하는 곳이다.
문을 열고 들어서니 지난해부터 만나기 시작한 여자와 함께 일하는 사람들이 있었다.
가볍게 아는 체를 하고 그가, 박병수라는 이가 여행 가방을 들고 나올 때까지 기다린다.
여자는 내게 잘 지내냐 묻는다. 나도 관심을 보이며 이런저런 얘기들을 하였다.

고스톱 판은 잘 돌아가냐 물으니 요즘은 시들하단다. 지난겨울에는 사무실에 일이 없어 고스톱 고리로 사무실 임대료를 해결했다는 말이 생각나 물어본 것이다. 그렇게 긴 시간은 아니었다. 10여 분 남짓 정도였을까? 박병수 씨가 가방을 들쳐 메고 나와 걸걸한 목소리로 사무실 잘 지키라고 말한다. 자기야, 보고 싶어 어쩌냐는 둥 그가 여자에게 흰소리를 해 대다가 자동차에 올랐다. 그 여자는 놀랍게도 떠나가는 우릴 보며 눈물을 글썽이는 것 같았다. 춘천을 빠져나와 국도를 타며 박 선생은 복도 많다 했더니 왜 그러냐 묻는다.

좀 전에 여자 친구가 눈물을 글썽였다고 말했더니 "그놈의 정이 어찌나 많은지"라며 한숨을 쉰다. 웬 한숨인지, 정체를 알 수 없다. 그러고는 금세 껄껄거리며 여자에게서 여행 경비로 50만 원을 받아 왔다 하였다. 난 훌륭하시다며 함께 웃었다. 20여 분이 못 되어 그가 코를 골고 잠을 잔다. 코 고는 소리에 고개를 돌려 보니 머리칼이 많이 빠져 머리가 좀 맹숭맹숭해 보인다. 불쑥한 배는 여전하지만 허벅지는 많이 부실해져 있다. 그의 커다란 손이 무방비로 늘어뜨려져 있다. 입까지 벌리고서 드르렁거린다. 교통사고로 1년 가까이 병원에서 지낸 후 부쩍 약해진 듯하다. 물끄러미 그를 보다 말다 하며 운전을 하였다.

강신오는 전화를 받지 않다가 11시 반이 되어서야 전화를 받는다. 어제까지 양구에 있었는데 계방산 자락에서 후배들과 점심을 먹으려 모여 있다 한다. 이 인간은 내가 분명히 오랜만에 얼굴 좀 보고 점심이나 같이 하자 말하였는데도 이리 제멋대로다. 그는 늘 그렇다. 약속이라는 건

할 일이 없을 때에만 의미가 있는, 더 재미있는 일이 있거나 저에게 더 중요한 일이 생기면 타인이 자신과의 약속을 어찌 여기는지는 관심이 없다. 그저 매사 살아가는 방식이 제 위주이다. 내비게이션에 그가 알려준 주소를 찍고 가니 30여 분이 지나 계곡에, 느낌 좋은 식당이 자리하고 있었다. 삐쩍 마른 몸은 여전하다. 그를 본 지도 2년 가까이 되지 않았나 싶다. 그가 내민 손을 잡으니 피식 웃는다. 후배들이라며 인사를 한다. 먼저 음식을 시켜 놓았단다. 흔한 닭백숙과 닭볶음탕이지만 깊은 맛이 있다. 소주잔을 건네며 그가 술을 채운다.

"자네도 한잔해?"

내가 술을 따르자 그가 식탁 모서리를 손가락으로 두드린다. 언제인가? 중국에 다녀온 후로 생겨난 그의 버릇이다. 내가 그건 뭐 하는 짓이냐 물으니 좋아, 좋다, 고맙다, 뭐 그런 의미란다. 속되고 거친 입담이 오가고 웃음이 분위기에 뒤섞이곤 한다. 난 이런 분위기가 좋다. 아무 할 일도 없고 해야 할 일도 없이, 생각도 없이, 그저 한가하게 노닥거리며 우스갯소리나 하는. 개중에 한 후배는 몇 번 보았던 친구이다. 전문 도박을 하는 친구인데 배짱과 남자다운 구석이 있다. 그가 날 보며 형님은 언제 봐도 똑같다 말한다.

나는 고맙다며 자주 보자 대꾸해 준다. 식탁 위에 올려진 고구마 순 무침이 두어 번이나 대화에 오른다. 요즘 서울 식당에선 고구마 순 무침을 먹을 수가 없다는 얘기나 시장에서 3천 원어치를 샀는데 한 접시도 되지 않았다는 얘기들이다.

1시간 남짓을 그곳에 있다가 그를 따라나선다. 계방산 자락을 빙빙 돌고 운도령을 지나 한참 가다 보니 최참봉네 집이라는, 도성 입구와도 같은 출입문이 나타난다. 이곳에서 하루 자고 가라 한다. 이 집 주인을 오래전부터 알고 지내왔는데 그 사람이 이곳에 이조 시대의 시골 마을을 재현했다 한다. 둘러보니 전신주도 보이지 않고 문명의 모습들이 가능한 지워져 있었다. 모든 지붕에 볏단이 올려져 있고 아궁이로 불을 때는 구조였다.

정자도 있고, 돼지우리, 소 여물통, 탱자나무 울타리, 감나무. 어릴 적 생각이 나게 하는 것들이 적지 않았다. 시대적 배경을 '철저하게 옛날로 돌아가자'와 같은 그런 콘셉트가 아닌가 싶다. 하룻밤 잠을 자는 비용은 1인당 1만 원, 방 하나에 4만 원인데 겨울에는 여기가 만실이란다. 규모가 있어 경제적으로 괜찮은 투자가 아닌가 싶다. 정자에 앉아 파전에 막걸리를 먹으며 바둑을 두었다. 난 두어 판이면 흥미를 잃어버리는데 박병수 씨와 강 씨는 지칠 줄 모르고 바둑을 두었다. 할랑하게 기분이 풀어져 그냥 정자에 누워 구경하다 잠이 들었다.

눈을 뜨니 밤이다. 몇 시쯤인지는 모르겠는데 두 사람은 여전히 바둑판 앞에 앉아 있다.

강신오는 지금도 턱 끝을 매만지며 많지도 않은 털을 뽑아낸다. 취미 생활인지는 모르지만 그는 오래전부터 저렇게 제 턱에 삐죽삐죽 나와 있는 털을 뽑곤 하였다. 곁에 사람들이 불편하게 소리 내어 가래를 내뱉는 것도 여전하다. 난 정자 기둥에 기대어 그를 살핀다. 그는 쉼 없이 손가락을 움직인다. 털을 뽑고 발등을 벅벅 긁는다. 피부병인데 만성이 되어 약도 잘 듣지 않는단다. 그곳에 딱지가 앉아 있고 또 벌겋게 부어 핏기가 보였다. 쩝쩝거리고 틈틈이 정자 밖 저만치, 똑같은 자리로 가래를 날려 보낸다. 솜씨가 보통이 아니다. 그는 이처럼 턱도 없는 일에 특별한 재주가 있다. 이상한 쪽으로만 머리가 핑핑 돌아간다. 2003년, 속초에 가는 길에 그를 만났다. 지나는 길에 전화를 하였는데 마침 자기도 강릉 가는 길이라며 인제에서 보자 해서 본 적이 있었다. 뜬금없이 어울리지도 않은 선글라스에 잔뜩 멋을 부리고는 아주 근사한 여자와 함께 나타났다. 누구냐고 물었더니 사랑하는 사람이란다. 사랑? 하고 되물었더니 그거 모르냐 물었다. "사랑 몰라?"라고 말이다.

여자는 키가 크고 골반도 크고 말투도 시원시원하였다. 난 두어 번 힐끗거리며 그 여자의 몸매를 훑어보았다. 부러웠던 걸까? 오래되어 그때의 감정은 딱히 기억나진 않는다. 우린 미시령 휴게소에서 차를 한잔 마시고 헤어졌다. 몇 달 후에 들어보니 그녀는 춘천 나이트에서 춤추는 아가씨라고 했다. 여중 씨였나? 그가 비꼬듯, "네가 무슨 재주로"라고 물었지 않나 싶다. 몇몇 친구들이 어울려 있었고 몇 달 전 강신오가 만났던 그 여자가 이야깃거리로 나온 거였다. 특유의 꼬인 몸짓으로 강신오는 피식 웃는다. 나이트에서 춤을 추는 그 여자를 보고 딱 마음에 들었단다. 웨이터에게 1만 원을 쥐여 주고 그 아가씨를 지칭하며 맥주 한잔만 할 수 있는 자리를 만들어 달라 했단다. 마주 앉은 그녀에게 너무 마음에 들어 자기가 어찌해야 할 바를 모르겠다며 자기가 꼭 사 주고 싶은 게 있다며 그녀를 끌고 나갔다 한다. 대뜸 금은방을 데리고 들어가 본인이 예전부터 구상한 디자인이 있다며 묵직한 금목걸이를 요렇게 저렇게 만들어 달라 주문을 하고는 계약금으로 40만 원을 주었다 한다. 찾아가는 날은 10여 일 후로 잡고 말이다. 그러니까 원금의 10%를 지불한 것이다. 그리곤 그녀와 10여 일을 함께 지내고는 때가 되자 소식을 딱 끊어 버렸다는 얘기이다. 처음부터 그럴 의도는 없었다며 "돈이 없는데 뭐 방법이 없지"라고 말하자 다들 사기 치지 말라며 "처음부터 그럴 요량이었겠지"라며 놀렸다. 그때, 그녀와 어울리던 그때, 내가 전화를 하여 그녀를 보게 된 것이다. 그런 시답지 않은 별난 일들이 그에겐 많았다.
수십 마리 뱀을 한 번에 잡는 이야기, 경찰관이 봐 달라 빌었단 이야기, 부안에서 400여 m의 수로에 2천만 원을 들여 수십 대의 양수기 펌프를 동원하여 물을 퍼내고 장어며 가물치, 붕어 등을 팔아 몇 천만 원을 벌었다는 그런 얘기들. 그가 내 눈길을 의식해서인지 나를 묘하게 흘겨본다. 그렇게 보지 말고 가서 저녁이나 시키라고 한다. 나는 알았다며 대답만 하고 말았다. 일어나 움직이고 싶지가 않아서였다. 뉘 말마따나 연구 대상이다. 그는 사람들과 엮이면 늘 두 수, 세 수를 읽고 들어간다. 무슨 일을 하더라도 뒤에 전개되는 상황이며 어찌 상대의 코를 꿰어 꼼짝 못 하게 할 건지를 늘 염두에 두는 듯하다. 하긴 일하지 않고 평생을 빈둥거리며 살아가려면 그것도 하나의 방편일 터이다. 그런 그가 몇 시간째 집중하여 바둑을 두고 있다. 겉보기와는 다르게 집중력이 대단하다. 별난 이들을 보면 가족사에 늘 불행한 성장기가 있음을 보게 된다. 타고난 유전자도 있겠지만.
강신오의 아버지는 원양 어선의 뱃사람이라 하였다. 아버지가 몇 달씩 배를 타고 늘 밖으로만 돌았던 까닭에 어머니가 바람나 집을 나가 버렸고 그를 돌본 건 홀로 남으신 할머니였다고 들었다. 그가 가여워서였는지 할머니는 그가 원하는 거라면 무엇이든 해 주셨다고 그를 아는 친구가 얘기해 주었다. 그래서인지 그는 늘 거침없이 살았다.

지금까지도 그렇다. 도박과 술이 그의 인생에서 가장 의미 있는 존재가 아니었나 하는 생각이 든다. 30대에 인제 원통 근처에서 2년 남짓 술집을 해 본 게 처음이자 마지막 직업이 아니었나 싶다. 그의 평생 직업은 도박이었다. 뛰어난 도박꾼이었지만 내가 보기엔 그렇게 실속 있어 보이진 않았다. 그저 생풍한 욕심만 있었지 무언가를 움켜쥐고 제 것으로 만드는 데는 그리 강하지 못해서였다. 박병수 씨가 껄껄거리며 지갑을 꺼내어 1만 원짜리 한 장을 건넨다. 돈이 오가는 걸 보니 내기 바둑 같았다.

뒤편에서 시끌벅적하게 떠드는 소리가 들려왔다. 돌아가 보니 그곳에도 제법 널찍한 대청마루가 있고 그곳을 중심으로 꼬맹이들이 바글바글했다. 초등학교 무슨 행사란다. 기둥에 기대어 가만히 그들을 보았다. 장기자랑도 하고 연극도 하였다. 어린 날 이런 곳에 와 친구들과 하룻밤을 보낸다면 좋은 추억들이 만들어지지 않을까 싶다.

어둠에 잠긴 귀퉁이 토방으로 자리를 옮겨 오랫동안 그들이 하는 양을 보았다. 그들의 웃음소리가 나비처럼 내 머릿속을 날아다닌다. 무대 위에 올라선 꼬맹이들의 긴장한 얼굴이 있고 대담하게 자신의 감정을 담아내는 친구도 있다. 그 무대 뒤를 뛰어다니며 장난치는 녀석도 있다. 소리를 지르고 박수를 치고 웬 녀석은 내 가까이 토끼장 앞에 쪼그려 앉아 움직일 줄 모른다. 토끼가 신기한 걸까? 사랑스러운 녀석들이다.

참봉집 울타리를 넘어 1시간 남짓 산책을 하였다. 두타산 자락과 바로 이어져 있는 어두운 숲길을 걸었다. 두서없는 생각들이 부질없이 뒤바뀌며 오락가락거린다. 난 왜 이런 어두움과 칙칙함과 친할까 하는 생각도 해 본다. 밝은 곳보다는 어두운 곳이 좋고, 시끄러운 곳보다는 늘 조용한 곳이 좋다. 잔바람이 불어 소리가 난다. 돌아오니 강신오가 어두컴컴한 곳에서 담배를 피우고 있다. 끝났느냐 물으니 잠깐 쉬는 중이란다. 그에게 이제 정신 좀 차리고 살지 그러냐 했더니 자긴 정신을 차리는 순간 머리가 빠개진단다. 절대 정신을 차리지 않고 이렇게 그냥 살다 말겠단다. 그는 태생적으로 진지한 걸 거부하는 것 같다.

사는 시간을 장난이나 농담처럼 흘려보낸다. 그런 그가 밤하늘을 올려다보며 자네는 불편한 사람이라 말한다. 그답지 않은 말투였다. 스스로 내 자신이 피곤한 건지 본인이 날 대하는 게 피곤한 건지 물으니 둘 다란다. 오래전 그는 내 눈빛이 기분 나쁘다고 말한 적이 있었다. 언뜻 같은 맥락일까 하는 생각을 하였다.

"내가 그런 면이 좀 있지. 가끔 마음에 들지 않더라도 날 이해해 주게."
난 그의 어깨를 가볍게 툭툭 치면서 장난스레 웃으며 넘겼다. 그렇다. 우린 한때 잘 어울려 친구가 되었지만 나이가 들어서는 그저 데면데면한 사이가 되었다. 나 또한 표현을 안 할 뿐이지 그의 오기와 아주 묘하게 사소한 부분에서의 섬세한 감정, 경쟁과 같은 심리를 읽고부터는 그렇게 편치가 않았다. 그런 면에서 모두에게 관대한 그가 왜 유독 나에게 그런 마음을 갖는지도 모를 일이다. 아마 내가 그와는 좀 다른 삶을 갖게 되면서부터가 아닌가 싶다. 난 아니다 싶은 이들과 굳이 관계를 엮어

가는 스타일은 아니다. 삐끗하면 돌아서 깨끗이 잊어버리는 유형이다. 그런데도 그와 교류를 지속하는 건 그가 그만큼 독특하고 평범치 않아서일 터이다. 그에게는 드러내 보이지 않은 숨겨진 강한 자의식이 있다. 무엇보다 가치 개념이 현실적이지 않다. 난 그런 이들을 좋아한다. 정형화되지 않은, 그만그만하지 않은, 혹 그가 못된 인간이라 할지라도 말이다. 박병수 씨를 좋아하듯이 말이다. 사람이 누군가를 좋아하는 것은 아주 터무니없다. 옳고 그른 문제는 물론 아니다.

자라난 환경이나, 아님 이미 유전자에 꽂혀 있는 시나리오를 따라가는 걸까? 취향일까? 아님 그의 냄새가 좋아서, 그것도 아님 그의 웃음이 좋아서. 어느 한 가지가 아닌 복합적인 결과물이겠지만 그 이유라는 게 짝짓기 철 개구리의 큰 목소리에 꿰어 드는 것만큼이나 부조리한 것도 사실이다. 여튼 누굴 좋아한다는 것도 좀 웃기는 일이긴 하다.

다음 날.
해가 중천에 떠서야 일어나 그곳에서 점심을 먹고 강신오와 헤어졌다. 그는 늘 몸을 반쯤 비틀고 상대를 정면으로 응시하지 않는다. 그저 웅얼거리듯이 뭐라 뭐라 하고는 휙 돌아서 사라지는 것이었다. 배웅 받는 것은 보았어도 그가 배웅을 해 준 적은 있나 싶다. 남겨지는 게 싫은 걸까? 오늘도 그는 건성으로 "응, 응" 하고는, 먼지를 내며 차를 몰아 나갔다. 박병수 씨에게 어제 결과를 물으니 내기로 저 인간을 어찌 이기겠느냐고 한다.

나를 통해 서로 알게 된 두 사람이다. 그들은 몇 번이나 보았을까? 모를 일이다. 아마 내가 빠진 채로 두 사람이 만난 적도 있었으리라. 그리고 그것은 도박일 터였다.

박병수 씨가 강 씨를 칭하길 강적이란다. 내가 보기엔 똑같은 인간들이다.

춘천으로 다시 나와 홍천을 거쳐 인제 내면의 용봉산까지는 2시간 가까운 거리이다.

박병수 씨는 코를 골며 자다 말고 갑자기 장상호 씨는 잘 지내느냐 묻는다.

"예?"

"아! 왜, 김 형 주변에 좀 사람 같은 사람 있잖아요? 털이 많고 산 좋아하는."

"장 교수? 그 사람은 갑자기 왜요?"

"나이가 들었는지 요즘은 이 사람, 저 사람 생각이 나네요."

"박 선생님한테 어울리는 얘기는 아닌데 그 친구 완도로 내려갔어요. 노모가 암에 걸리셔서."

"학교는?"

"아주 관두었네요. 저도 그건 아니다 싶었는데 혼자 계신 어머니가 늘 마음에 걸린다고 했었거든요."

그러고 보니 그 친구 본 지도 3년이 넘어간다.

"그래도 그렇지. 그렇게 어렵게 공부해서, 나이도 몇 안 되는 걸로 아는데."

"저보다 두 살 아래입니다."

박병수 씨가 한숨을 쉰다.

우린 한때 관악산에 몇 번 올랐었고 내려와서는 과천 향교 가까이서 막걸리를 마시곤 했었다. 이제 생각하니 둘은 죽이 좀 맞았었다. 난 별로 웃기지도 않은데 둘이는 낄낄거리며 웃곤 했었다.

"담에 그쪽도 한번 갑시다."

"그럴까요?"

폐교가 된 삼지초등학교를 끼고 작은 길을 오르니 다원사라는 표지판이 보인다. 이곳을 드나든 지도 10여 년 가까이 되었다. 1년에 한두 번씩 오지 않았나 싶다.

고등학교 친구가 스님이 되어 이곳에 터를 잡은 까닭이다. 미국에서 8년 정도 포교 활동을 하다가 들어와 종단과 얽히기 싫다며 자신의 명의로 땅을 사고 절을 지어 혼자서 살고 있다.

그가 스님이 될 줄 어느 누가 알았을까? 눈꼬리가 째져 휙 올라간 그는 여러 가지로 스님과 어울리지 않아 보였다. 처음에는 그가 얼마나 버틸까 하였는데 그는 잘도 수행 생활을 계속하고 있다. 꼬불거리는 길을 올라 저수지를 끼고 돌다 보면, 심하게 경사진 길이 나오고 그 턱을 넘어서면 바로 개 짖는 소리가 들려온다. 그리곤 확 트인 규모가 있는 절이 나타나는 것이다. 그의 말로는 길지란다. 누가 보아도 그래 보인다. 뒤쪽으로 삼지봉이 버티고 있고 유독 이 자리만이 벙벙하니 넓은 평지가 자리하고 있다. 대나무 숲이 뒤쪽으로 자리하고 산죽도 제법 무성하게 자라 있다. 때죽나무가 있고 오른쪽은 적송도 몇 그루 품위 있게 자리하고 있다. 이 큰 절에 그는 혼자서 산다. 절을 지을 때는 이런저런 구상과 꿈이 있었지만 이제는 다 시들해진 듯싶다. 그저 혼자서 도통을 하려는지. 올라가니 그는 텃밭에 심은 어린 유실수 주변에 풀을 뽑고 있다. 대뜸 하는 얘기가 토방에 있는 장화 신고 올라와 애 좀 쓰란다. 딱히 내키지는 않았지만 모른 척하기도 그래 장갑을 끼고 올라간다. 그의 온몸이 땀범벅이다. 장마철 비가 오지 않을 때 후다닥 일을 해야 한다며.

같이 온 사람이 누구냐 물어 2년 전에 이곳에 있었던 박병수 씨라 했더니 그도 불러 일 좀 거들어 달라 한다. 교통사고로 입원했다가 퇴원한 지 얼마 되지 않아서 부실하다 했더니 그럼 어쩔 수 없다 한다. 어찌된 일인지 박병수 씨는 인사도 없이 절간을 뱅뱅 돌아보는 중이다. 해가 좀 기울긴 했지만 아직은 덥고 조심을 해도 여기저기 생채기가 난다. 금세 땀방울이 흘러내린다. 왜 적당히 편하게 살지 그러냐고 했더니 자신의 힘으로 농사를 지어 자급자족하는 게, 경제적으로 자립하는 게, 공부 중 하나란다. 불전을 받은 것도 다 주고받는 게 있어야 되는데 이제는 내 공부하는 것도 벅차 그런 것도 싫다 한다. 1시간이 지나자, 짜증이 나고 질려 그만 털고 나오려다가 나 또한 마음을 다잡아 그 일에 집중을 해본다. 해가 산 너머로 넘어가서야 일이 끝났다.

노동은 역시 신성하다. 육체가 주는 이 즐거움은 정신이 넘볼 수 없는 그만의 세계가 있다.

땀을 흘리고 나니, 퀴퀴한 냄새가 진동하던 칙칙한 감정이 허물을 벗듯 어데론가 숨어들었다. 그리고 그 자리에는 생생한 의욕과 밝음이 찾아들었다. 샤워를 하고 20여 분 정도 차를 타고 나가 셋이서 꿩탕을 먹었다. 그는 스님이지만 고기 먹는 걸 전혀 개의치 않았다. 우린 이런저런 얘기들을 나누며 복분자주도 몇 잔씩 마셨다. 2년 전 스님이 인도 명상 센터에 들어갔을 때 박병수 씨가 이곳에서 두 달 가량 절을 지킨 일이 있었다.

안면이 있는 두 사람은 신변에 관한 대화를 나눈다. 절로 돌아와 스님이 끓여 준, 세계 최고라 말하는 다르질링산 홍차를 먹고, 또 그가 딴 꿀맛도 본다. 3년 전부터 그는 내게 불교의 교리라든가 사상, 삶의 자세에 관해 얘기하지 않는다. 그건 그가 말하는 게, 서로 생각을 주고받는 게 아니라 일방적인 설명이나 가르침 같은 방식이어서 내가 듣고 싶지 않다 말한 까닭이다. 정색을 하고 말한 까닭에 잠깐 썰렁한 기운이 감돌았지만 그는 수양을 쌓은 탓인지 금세 그 일을 개의치 않았을 뿐더러 다시는 불법에 관한 얘길 꺼내지 않았다.

그에게 지내는 게 어떠냐 물었더니 다 좋은데 요즈음의 난관은 넘쳐 나는 성적 욕망이란다.

이게 가만히 보면 주기가 있단다. 특히 봄에 더욱 활개를 치는 것 같다 한다. 다른 건 다 버틸 만한데 그게 워낙 원초적이고 강해, 때론 공부에 정진하기가 힘들어 막걸리 두어 잔 먹고 자 버린다 한다. 또 그런 이유로 더 지칠 때까지 육체적인 노동을 하는 이유도 있다고 한다. 내가 그건 자네의 드물게 질이 좋은, 세상의 때가 묻지 않은 욕망이며, 연장을 써먹질 못해 애석하기 그지없다 말했더니 "이 사람이!"라며 호탕하게 웃는다. 그러고는 자신에게는 간단한 일이 아니라 말한다.

밤이 되어 그가 두드리는 목탁 소리와 낭랑하게 울려 퍼지는 반야심경을 들으며 경내를 돌아본다. 하늘에 별이 많이 떠 있다. 난 절이 좋다. 이 분위기가 좋은 것이다. 산사에서 풍경 소리를 듣고 어두움과 바람을 맞으며 어둠이 깃드는 저녁을 보고 새벽을 보는 게 너무 좋은 것이다. 한참 이런저런 생각을 하다가 스님이 된 친구와 내가 뒤바뀐 기분이 든다.

그는 속세를 떠나 불가에 귀의해서도 부단히 노력하는 모습을 보인다. 집념도 강하고 성취욕도 강하다. 이 깊은 산중에서도 하릴없이 시간을 죽이는 그를 본 적이 없다. 헌데 난 그 많은 사람이 사는 도심의 한복판에서 늘 허망하게 세상을 보고 삶의 헛됨을 가슴에 품고 산다. 그는 건강한 육체에서 뻗어 나는 주체 못 할 욕망을 짓누르며 절제를 지속하지만, 난 비실거리는 육체적 욕망을 부여잡아 부풀리고 포장하며 그 안에서 허우적거린다. 웃기지도 않는 일들이 너무 많아 난 혼자서 실소를 하고 만다. 이 생활은 내가 더 어울리는데. 늦었지만 스님이 될까? 내가 가진 모든 걸 벗어던질 수 있을까?

가능한 일이다. 하지만 쉬운 일은 아니다. 그러고자 하는 욕망이 강하지 않아서이기도 하다.

외로움을 두려워하는 걸까? 난 외로움을 두려워하지 않는다. 그런 것들은 너무 몸에 배어 친근하기까지 하다. 그럼 왜 질려하면서도 지금 생활을 계속하는 걸까? 익숙해서. 여느 사람들과 다를 바 없는 이유이다. 새로운 일들, 새로운 삶은 늘 번거롭고 여러 것들이 낯설다. 더구나 이런 산속에서 혼자 산다는 게 결코 간단할 수 없을 터이다.

사람이라는 게 사람들 속에서만 의미와 가치를 만들어 내고 사상과 개념이 숨을 쉬어 감정이 살아나는 법인데 혼자서는 아무짝에도 쓸모없는, 숨도 쉬지 못하는 그 많은 것들을 짊어지고 앞으로 나아간다는 게 어찌 쉬운 일일까? 도대체 혼자라면 사상이라는 게, 도통하는 게, 무슨 대단한 뭔가가 되는 게 무슨 의미가 있을까? 새삼 그의 불경 소리를 다시 들어본다. 이 순간 그의 우직함이 현실적으로 얼마나 유용하게 강한 힘이 되는가 다시금 인지한다.

해탈한다는 게 뛰어남이 아니라 삼매에 빠지는 일이 꼭 필요한 순서라면, 얼마나 어떤 사고에 몰입하느냐에 달려 있다면 더욱 그렇다.

어느덧 이곳에 깨어 있는 사람은 나만인 것 같다. 밤은 깊어만 가고 풀벌레 소리는 더욱 커져 간다.

다음 날.

늦은 시간에 울진에서 점심으로 물회를 먹었다. 이 집 물회는 기가 막히다. 멍게며 해삼, 싱싱하고 막 잡은 횟감을 넣어 만든 물회 맛은 이쪽을 들를 때마다 이 집을 찾게 만든다.

울진에서 좀 내려와 다리를 끼고 바닷가로 다시 나오면 삿포리라는 마을이 있는데 그곳에 삼식이네 횟집이 있다. 먹는다는 것도 나름 큰 즐거움이다. 그렇게 살기 위해 배를 채우는 게 아니라 맛을 음미하고 그 맛을 즐기고 마음에 드는 이들과 즐거운 대화를 나눈다면 더 좋을 터이다. 동해안을 타고 내려가려던 계획을 바꾸어 불영계곡 쪽으로 방향을 틀었다.

빗줄기와 뿌연 안개로 계곡이며 산 능선이 뿌옇다. 빗줄기가 변덕스럽다. 소나기처럼 굵게 쏟아졌다가 가랑비가 되고 어느 곳에는 비가 온 흔적조차도 없다. 태백산맥과 바다의 고도 차이 때문일까? 그럴지도 모를 일이다. 그가 내게 이곳이 생각나느냐 묻는다. 뭔가 있었던 듯싶은데 딱히 떠오르지 않는다. 몇 명이서 이곳을 온 것 같기도 하다. 물론 불영계곡이야 몇 번 왔었지만 그가 말하는 이곳은 그저 여느 계곡의 특색 없는 한 곳이어서이다.

"김 형도 참, 아! 왜 우리, 누구야? 거 누구더라? 사냥하는 친구. 그래, 이문한이라고 그 친구랑 셋이서 오미자도 따고 다슬기 된장에 삶아 요지로 파먹었잖아요."

"…."

"저기 보이지는 않지만 뒤편 바위에 앉아 말이요. 그게 기억이 안 난단 말이에요?"

"…."

"그렇게 기억력이 없어 가지고도 잘 사는 거 보면 신통해요."

그가 머리까지 흔들어 가며 웃는다.

"그 사람은 뭐 해요? 이문한 씨?"

"문한이? 신세 조졌지 뭐. 그 친구도 보통이 아니거든. 왜 별난 사람들이라고 텔레비전에도 나오고. 여자 꼬드기는 재주가 있어 두 집 살림하다가…. 김 형도 보았는데, 예쁘장해 가지고…."

난 떠오르는 게 없다. 그는 날 보고 별나다 한다. 어떻게 그렇게 기억이 없느냐며 손가락을 가리키며 목소리 톤이 올라간다.

"저기, 저 바위 아래쪽에서 꺽치 잡아서 쪼아 가지고 초장 찍어 먹은 생각도 안 난단 말입니까?"
"난 머리가 나빠서…."
이런 적이 한두 번이 아니다. 오해를 산 적도 있다. 사람들과 지난 일들, 무슨 무슨 얘길 하지만 난 도통 아무것도 생각이 나질 않는 것이다.
"그 정도면 환자야"라고 말했던 이도 있다.
"관둡시다. 지난 일들을 그렇게 몽땅 잊어버린다는 게 그것도 재주긴 하지. 허긴, 어쩔 때 보면 아주 사소한 일들도 기억하던데…. 바보는 아닌 거 같은데…."
뒷말은 고개까지 저어 가며 혼잣말처럼 뇌까린 건데 내 귀에까지 들려왔다. 기분은 나빴지만 속과 겉이 일심동체인 사람이라 그러려니 한다. 이문한이라…. 그래. (난 1년 가까이 이곳 태백산맥의 한 줄기에서 그네들과 어울려 살았었다. 돌이켜 보면 내 인생의 호시절이었다. 여름이면 목욕하고 바둑 두고 고로쇠 물 받으러 다니고 이 산, 저 산 돌아다니며 약초도 캐고 사람 만나 놀고 사냥도 다니고 말이다.)

이문한 씨를 알게 되고 좀 지나, 그에게 전화가 왔다. 집으로 좀 오란다. 깜깜한 밤이었다.
금방 사냥에서 돌아온 모양새다. 피를 한 대접 내놓으며 마시란다. 소주를 한잔 부어 주며 노루 피란다. 키가 작고 단단한 체구에 눈빛이 당돌함으로 가득 차 있던 사람이다.
그러더니 이번에는 탯줄 속에 든 노루 새끼를 권하던 기억이 난다. 난 덤덤한 척하였지만 그 벌건 밤톨만 한 생명을 보며 정신이 오락가락거린 기억이 있다. 내가 몇 번이고 손사래를 치자 그는 좋은 거라며 그걸 꿀꺽꿀꺽 먹고는 소주를 몇 잔 들이켜던 모습이 새삼 떠오른다. 입술에 핏자국이며 굵고 투박했던 손마디. 처마 끝에 거꾸로 매달려 그의 능숙한 칼질에 해체되던 노루. 어울리지 않았지만 내게 보내었던 정감 있는 웃음.

어찌 사는지 한번 보고 싶기도 하다.

"어데 사는지 알아요?"

"부산에 산다고 합디다. 그때 그 본처가 집 나가 버리고 점점 망가지더니 집도 팔아 버리고 가지고 있던 사냥개를 무슨 회장에게 팔고 부산에 가서 사냥개 돌보아 주며 산다 들었네요. 그 후로 정육점 한다는 소문도 있던데 나와는 별로 친하지 않아서. 왜 김 형하고 잘 어울리지 않았었나? 성질이 지랄이라 그렇지 사람은 진국인데."

그가 사냥개를 데리고 멧돼지를 잡았던 일도 떠오른다. 사냥개의 넝마처럼 찢어진 혓바닥이며 생명을 놓고 벌이는 싸움이란. 그렇지만 이곳 불영계곡에서 함께 어울렸던 기억은 없다. 예쁘장한 부인도 그렇다. 부산에 가게 되면 얼굴이나 한번 보아야겠다.

봉화 표지판을 보며 한마디 건네려고 쳐다보니 그는 또 입을 벌리고 자고 있다.

사람에게도 운명이라는 게 있다. 똑같이 교통사고가 났는데도 옆자리 앉은 김 반장은 멀쩡하고 그만이 꼬박 1년 남짓 병원 생활을 했으니 말이다. 골반뼈가 깨어지고 탈골되어 수술을 세 번이나 하고 퇴원하고 반년 가까이 지팡이를 놓지 못하였다. 심하게 힘을 쓰다가 골반에서 고관

절이라도 빠져나오기라도 하면 다시 수술을 해야 한단다. 좀처럼 예전의 힘을 찾지 못한다. 그의 말마따나 지은 죄가 많아 그 값을 받고 있는지도 모르겠다. 지금도 양반다리 자세로는 앉지 못한다.

비가 다시 쏟아진다. 봉화 인근에서 나도 모르게 상전면 쪽으로 방향을 잡는다. 와이퍼가 빠르게 움직이지만 시야가 짧다. 속도를 줄이고 천천히 움직인다. 주천면에서 꼬불거리는 길을 5분 남짓 타고 가다가 화천리로 꺾어 들어간다. 난 생각지도 않았던, 계획에도 없었던 곳으로 지난 과거를 찾아 들어간다. 화천리에서 가물거리는 그 길을 찾아 내려가니 비포장길이 시작된다. 아니, 그때와 다르게 아예 길 같지가 않다. 잡초가 우거지고 양쪽으로 늘어선 나뭇가지들이 뻗어 나와 차창을 때린다. 며칠 비가 왔었는데 다행히 미사토 길이어서 수렁은 없다. 차가 심하게 덜컹거리지만 박병수 씨는 잠에 푹 빠져 있다. 그날 보았던 그 밤나무밭이 나타나고 빗물에 흩어진 밤꽃 향이 약하게 코끝에 스민다. 그날이 딱 이때였음을 밤꽃으로 알게 된다. 자욱한 안개와 밤꽃 향은 날 아련한 감정으로 뒤틀리게 한다. 안개 속에서 임하댐 상류의 한구석이 드러난다. 그 찰랑거리는 물 위를, 셀 수 없이 많은 빗방울이 두드리고 있다. 수면과 맞닿은 지면을 따라간다. 조금은 위험하기도 하다. 그리고 그곳에 줄무늬가 있는 화강암 바위덩어리가 나타난다. 저 나무는 그때보다 두 배는 더 커 보인다. 거의 3층 높이쯤 되게 자라 바위가 없으면 헷갈리지 않았을까 싶다.

차를 바싹 끌어올려 예전의 그곳, 바위 위쪽으로 올려놓는다. 모난 귀퉁이처럼 튀어나와 수면과 직각으로 떨어진, 수면과 몇 m 높이 차이가 있는 곳이다. 차창을 내리고 보니 댐에 잠긴 물이 흙탕물처럼 뿌옇다.

1996년 6월 11일.
4시쯤 이곳을 찾아 한밤중까지 이렇게 이 자리에 있었다. 내 나이 스물일곱.
그때 난 무엇이었을까? 그날은 오늘과 다르게 하늘에 수많은 별이 떠 있다는 게 다행이라는 생각을 하였다. 바람 소리와 찰랑거리는 물소리를 들었다. 주변 산책도 하고 이런저런 일들을 회상하기도 했다. 두려웠지만 또 담담해지길 반복하였다. 갑자기 가슴이 벌렁거리기도 하였다. 하지만 오랫동안 날 칙칙하게 만들었던 삶에 대한 회의와 절망을 꺼내어 이를 짓눌렀다. 긴장되었고 정신이 칼날처럼 곤두서곤 하였다: 마지막 순간까지도 내가 이 일을 실행할 수 있을까 궁금하였다. 액셀을 밟아 가속하는 그 순간까지도 말이다.
난 브레이크를 떼었고 내 차는 20여 m를 질주하여 임하댐으로 날아들었다. 충격이 있었지만 정신은 말짱하였다. 영화처럼 차가 가라앉는 데 많은 시간이 걸리진 않았다.
순식간에 물이 차고 이내 가라앉기 시작하였다. 발견되는 게 싫어 수심이 깊은 곳을 찾아서인지 가라앉는 데 제법 시간이 걸린 것 같았다. 뒤꽁무니가 들리며 조금 남아 있던 공기가 빠져나가고 그 공간에까지도 물이 찼다. 죽음을 선택하는 건 사람이 가질 수 있는 단 하나의 자유, 의지라 말한 이도 있었다. 난 본능의 종이 되고 싶지 않았다. 끊임없이 만족하려는 인간이라는 종이 갖고 있는 의지의 노예가 되고 싶지 않았다. 난 내 자신을 원하였지만 내가 내린 결론은 나라는 자의식까지도 정체가 불분명하다는 것이었다.

내가 인지하는 삶은 하루살이의 날갯짓에 다름없었다. 죽음이 있었고 순간의 삶이 있었으며 헛되기 그지없는 애착과 욕망들이 있었을 뿐이었다. 난 그런 것들을 거부하고 싶었던 것이다. 오랫동안 죽음을 생각해 왔었고 그날이 그 생각들을 실현하는 날이었다. 별것도 아닌 내 자신에 그렇게 많은 의미와 가치를 가지려 드니 그 부조화가 날 견디기 힘들게 하였을 터였다. 난 꽤 오랫동안 냉정하게 물속에서 기다렸던 것 같다. 충분히 죽을 만한 시간 동안 그렇게 있었지만 난 죽지 않았고 결국 차문을 열고 솟아오르기 시작하였다.

가끔 그날을 떠올리면 이해하기 힘든 부분이 있었다. 무엇보다도 그렇게 오랫동안 물속에 있었다는 게 납득이 가질 않는다. 내 정신이 극도로 흥분해서 길게 느낄 수도 있었겠지만 난 매 순간순간을 세세하게 기억하고 있으니 말이다. 어쩌면 기억이 시간이라는 마술로 그 기억에 무언가를 덧씌워 포장했을 수도 있겠지만.

어느새 깜깜한 밤이 되었는지 모르겠다. 몇 시간이 아지랑이처럼 신비하게 사라져 버렸다.

사방이 칠흑 같은 어둠 속에 잠겨 있고 전면의 수면만이 어렴풋하다. 침을 꼴깍 삼키며 다시 한 번 뛰어든다면 그때는 모든 게 끝날 거 같다는 생각을 한다. 하지만 생각뿐이다. 이제 내게는 그날의 치열한 고뇌도 정열도 자신에 대한 사랑도 없다. 애정이 없으니 절망도 회의도 빈약하다.

있다면 그저 덧씌워져 포장된 알맹이 없는 지난날의 회의만 있을 뿐이다. 내 삶에 대한, 과거에 만들어진 기억 속의 절망만이 있는 것이다. 앵무새처럼 심심한 이 삶의 허망함을 읊조리지만 그저 오래된 기억일 뿐이다. 그저 한때 너무 깊이 빠져들었던 정신과, 감정의 찌꺼기와 다름없다. 그저 무료하면 그 잔해를 꺼내어 우려내고 또 우려내어 차 맛을 보듯이 그 향을 음미하는 정도일 게다. 이제는 습관이 되어 그 생각에 맞추어 내 표정까지도 세트화되지 않았을까 싶다. 그래도 이 순간은 새롭다. 그날의 생생한 느낌들이 스멀거리며 되살아나 날 깨어나게 하니 말이다. 도대체 그날은 어데로 가 버린 걸까?
여기 이곳에 있었던 시간이었는데.

"어, 어" 하며 놀랍고 당황한 목소리가 새어 나온다.
다소 민망하리만치 기겁한 음성이다.
"…."
"잠깐 생각나는 곳이 있어 와 보았습니다."
"…."
박병수 씨는 흐릿한 형체를 어둠 속에서 뒤튼다. 자세를 내 쪽으로 바꾸더니 말을 잇는다.
"에이, 참. 깜짝 놀랐잖아요. 불이나 좀 켜 봐요."
내가 헤드라이트를 켜자
"제가 겁이 많은 거 몰랐습니까?" 하며 헛기침을 한다.
그는 실제로 엉뚱한 부분에 겁이 많다.

"그 덩치에 겁은 무슨?"

난 피식 웃으며 시동을 걸고 천천히 차를 후진하였다. 넘실거리는 물을 곁으로 하고서 헤드라이트 불빛을 따라 나아갔다. 지면의 경사도 때문에 20여 도 기운 채로 자동차가 기우뚱거리고 미끄러질 때에는 박병수 씨가 잔뜩 긴장하는 게 역력하였다.

"왜? 무서워요?"

"아! 난 무서워요."

숲길로 접어들어서야 숨까지 몰아쉬며 거기가 도대체 어디냐 묻는다. 임하댐 상류라 말하였더니 그는 입을 다물어 버린다. 놀란 게 짜증스러웠나 싶기도 했지만 난 그냥 모른 척하였다. 영화에서 한참을 올라와 태백 쪽에 가까이 오니 9시 반이 넘은 시간이다. 은혜 요양원에서 황 선생님과 만나기로 약속을 하였는데 몇 시간이 지나 버렸다. 늦어서 내일 보자고 하니 내일은 투석 때문에 영주로 나가야 한다며 늦게라도 와라 한다. 저녁을 먹음 더 늦을 거 같아 물어보니 박병수 씨는 괜찮단다.

고개 위에 올라서니 꼬불거리는 내리막이다. 저 너머쯤에 태백산이 있을 터이다. 아래쪽으로 청옥산이 있고 이제 좀 지나면 소천면이다. 난 저기 소천면 현동리에서 1년 반을 살았다.

서른둘이었다. 곁에 앉은 박병수 씨가 고리가 되어 주었다. 이곳에서 사람도 사귀고 청옥산을 올라 다니며 시간을 보내었다. 여름이면 구마계곡에서 목욕하고 봄이면 고로쇠 물 따라 다니고 가끔은 사냥하는 이문한 씨를 따라다녔다. 생전 처음 더덕과 송이를 수거하고 대구와 부산에 유통하여 돈을 조금 벌기도 하였다. 폐가를 수리하여 살았는데 그 집이 그렇게 마음에 들었다. 초저녁에 아궁이에 불을 지피고 있으면 오만 잡다한 세상사가 저만치로 밀려 나갔다. 이 산, 저 산으로 어둠이 깃들고, 나무 타는 냄새며, 그렇게 지핀 불로 달구어진 구들장 위에 드러누우면 더 이상 바랄 것이 없었다. 난 이곳에서 노동이 주는 신성한 기쁨도 알게 되었다. 자연과 가까이하는 깊은 맛도, 몸도 마음도 건강해진 것이다.
그냥 이곳에 터를 잡고 살았던 게 더 좋지 않았을까 하는 마음이 든다.

은혜 요양원은 꼬불거리는 산길을 올라가야만 했다. 한밤이긴 하지만 어떻게 이런 곳에 요양원을 지었나 싶다. 길도 그렇고 주변 형세도 아늑한 맛이 없어 보인다. 산비탈을 깎아 협소한 공간에 4층짜리 건물이 덩그러니 나타났다. 어쩌다 보니 이분을 본 지도 7~8년 된 듯싶다. 석 달 가까이 아침 식사를 함께 하였던 사람이다. 꽁지머리를 기르고 손은 솥뚜껑마냥 컸다. 우연히 그의 집에서 젊었을 때 사진을 보았는데 거구라 할 만하였다.
그때는 120kg이 나갔단다. 당뇨 때문에 어쩔 수 없이 산으로 들어온 것이다. 10여 년 이상의 연배였고 이곳에 들어온 것도 나보다 3~4년 정도 빨랐다. 내가 터를 잡기 전에 몇 달 방을 하나 세내어 살 때였다. 어쩌다 객지에서 들어온 또 한 분과 죽이 맞아 아침마다 셋이서 1시간가량 청옥산 줄기를 오르고 내려와 황 선생님의 집에서 아침을 해결했던 것이다.
그날의 인연으로 지금까지 가끔 통화도 하고 문자를 주고받아 왔다. 그때에도 당뇨로 시력이 나빠 백내장 수술을 하였던 일이 떠오른다. 또 그

분도 불을 때는 아궁이 집에 살았는데 감각이 없어져 구들장에 심하게 데어 발목을 붕대로 싸매었던 걸 보았었다.

그렇게 당뇨를 떼어내지 못하고 이곳 청옥산 자락에서 지내다가 결국 경기도 광주의 척산 병원에 입원하여 2년여를 보내었다. 이곳으로 내려와 이제는 요양원에서 나가 살 수 없는 몸이 된 것이다. 난 그와 내적인 얘길 나눈 적이 없다. 그저 안부를 나누고 늘 가벼운 농담과 사는 얘길 주고받는 정도였다. 그를 좋아해 본 적이 없다. 그렇지만 사람을 좋아하지 않아도 우정이, 어떤 관계가 충분히 형성될 수도 있는 일이다. 그와 내가 그렇다.

그답지 않게 멀리서 치러진 내 애경사에도 찾아와 주었다. 그는 한없이 베푸는 스타일이었지만 조금도 상대의 거만한 꼴을, 잘난 척하는 꼴을 못 보는 스타일이다.

그 또한 유별하였다. 그의 독특함 중에서도 내심 놀랐던 건, 20여 년 가까이 지내면서 늘 한결같았다는 것이다. 그 한결같음이란 상황에 대한 반응을 말함이다. 눈이 잘 보이지 않을 때에도, 휠체어에 앉아, 곧 죽을지 살지 모를 수술을 받을 때에도 어떤 두려움이나 걱정이 드러난 적이 없다. 말투도 그렇고 여느 때에도 농담은 여전하였다. 제 삶이 타인의 삶인 양하였다. 삶을 바라보는 시선도 독특하였다. 많은 부분을 그까짓거 하는 시각이었는데 그러면서도 그의 철저함은 예사롭지가 않았다. 그는 이 산속에 들어와서까지 적지 않은 땅을 사서 집을 지었고 되팔아 차익을 남기기도 하였다. 또 그가 지은 집에 수많은 도구들을 하나하나 빈틈없이 정리해 두곤 하였다. 망치나 톱, 도끼, 전지가위, 그런 것들.

무언지 용도도 모르는 것들이 종류별로 있었다. 그런 것들이 주욱 걸려 있는 걸 보면 이 사람이 무슨 수집광이 아닌가 하는 생각도 했었다. 산속 그의 집에는 곧잘 그가 아는 손님들이 와서 기거하였고 한때는 30여 마리가 넘는 개들을 키운 적도 있었다. 개들 종자도 어데서 데려왔는지 하나같이 이상하였다. 핏불도 있었고 블러드하운드, 시베리안 허스키, 정확치는 않지만 〈플란다스의 개〉인가에 나오는 송아지만 한 녀석도 있었다. 그는 나처럼 쓸모없는 상상이나 하는 이가 아니었다. 생각을 행동으로 옮기는 사람이었다. 늘 구상하는 바를 실천하였고 결과물을 만들어 내는 유형의 사람이었다.

한번은 개들 먹이통에 사료를 부어 주다가 무슨 이유인지 무작스럽게 개를 때리는 걸 본 적이 있었다. 잔인하였다. 그의 거친 행동은 아무나 할 수 없는 일이었다. 그러다 죽겠다고 말하니 "죽음 말아야지 뭐"라고 대답하지 않았나 싶다.

병원에 들어가려니 입구가 모두 닫혀 있었다. 전화를 하니 이미 면회 시간이 끝났단다.

서울에서 내려왔다 하니 그렇게 멀리서 왔느냐면서 기다리란다. 엘리베이터는 작동이 중지되어 계단을 올라갔다. 3층 병실에 들어서니 환자에게서 병원 특유의 냄새가 지독하게 배어 나왔다.

몇 년 전 척산병원에서 볼 때와는 또 다른 모습이다. 머리를 빡빡 밀어 버렸고 얼굴도 조금 부은 듯 했으며 모양새도 어딘지 좀 뒤틀려 보였다. 커다란 얼굴에 눈꼬리가 주욱 내려왔고 이마에 주름은 심하게 패여 있었다. 처음 보는 사람이라면 움찔할 수도 있는 괴상쩍은 생김새였다. 그런 그가 껄껄거리며 그만의 미소를 짓는다.

"반갑긴 한데 뭐 하러 와."

"뵌 적도 오래됐잖아요?"

박병수 씨가 다정하게 그의 손을 두 손으로 잡으며 말한다.

"그래. 허허, 박병수 씨. 잘 살았어?"

"황 선생님 덕분에 잘 살았습니다."

"내 덕분에? 사고 났다매?"

"알고 계셨어요?"

"내가 여기 이렇게 휠체어를 벗어나지 못하지만 귀는 천리안이지."

"어떻게 지냈어요?"

그의 억양은 독특하여 첫 부분 톤이 올라간다.

"저도 잘 지냈습니다."

박병수 씨가 썩 좋아 보이지는 않는다 하였더니 지난번에 귀찮아 일주일가량 투석을 하지 않았다가 죽을 뻔하였단다. 무거운 내용이었지만 그는 무심히 지나가는 말투이다. 지난해 말에 전화하였는데 통화가 되지 않았다 말했더니 그때 10여 일 혼수상태였단다. 운 좋게 다시 살아나 감사하는 마음으로, 덤으로 사는 시간이라 여기고 소중하게 하루하루를 보내고 있단다. 나 보살은 어찌 지내냐 물으니 그 사람 늘 바쁘단다.

"그래도 가끔 영주 투석하러 갈 때 찾아와 주니 고맙지, 뭐"라고 말한다. 좁은 병실에서 전동 휠체어를 사용하는 게 능수능란하였다. 냉장고와 작은 탁자 사이를 오가며 우리에게 무슨 차를 끓여 내왔다. 아무나 마실 수 없는 차란다. 지금은 대소변을 가리는데 그렇지 못하게 될 때가 걱정이란다. 그때가 되면 그만 살아야 할 터인데 어찌할까 궁리 중이란다.

시간이 지나자 후덥지근함과 심한 냄새 때문에 불편하였다. 에어컨이 설치되지 않은 방이었다. 그럼에도 얼굴은 웃음으로 덧씌우고 이런저런 관심을 표하였다.

"박병택이는 어찌 살아?"

"그 친구 행방불명된 지 오래되었네요."

"듣긴 하였는데 아직도 나타나지 않은거? 그 착한 애기 엄마를 놓아두고 그 친구도 참."

"사는 게 마음대로 되나요? 뭐."

"박병수 씨 당신도 똑같지 뭐."

"저야 뭐…."

박병수 씨는 남 얘기처럼 실없이 웃는다.

"현철이가 좋은 대학에 갔다며, 당신도 연구 대상이야."

"뭐, 병택이도 그렇고 여기 김 형도 그렇고 다 연구 대상이죠 뭐."

2시간 가까이 셋이서 사는 얘기들을 하다가 나왔다. 나오면서 그의 큰 손을 다시 잡는다. 그의 아귀힘이 여전하여 기분이 좋아졌다. 적어도 아직은 팔팔한 구석이 남아 있는 것이다.

"다시 볼 수 있을까요?"

박병수 씨가 병원을 나서며 심각하게 묻는다.

"어렵지 않을까요."

"그렇죠."

그건 모르는 일이겠지만 마지막이 아닐까 싶었다. 인연이라는 게 시작이 있으면 끝이 있기 마련이다.

"혹 다음에 다시 볼 일이 있음 거기 함 가 봐요. 왜 황 선생님 민천집 미꾸라지 튀김 좋아했잖아요."

"좋은 생각입니다."

소천모텔을 찾았다.
터미널 가까이에 목욕탕과 함께 운영되는 오래된 모텔이었다.
박병수 씨가 마지막 날이라며 소주나 한잔하잔다.
슈퍼에서 소주 세 병과 마른안주를 사 가지고 들어갔다.
"김 형과 마주 앉아 단둘이 소주잔을 기울인 게 얼마 만인교?"
"…."
"자, 한잔 듭시다. 내, 말은 안 했지만 늘 김 형에게 감사하는 마음으로 살고 있습니다."
"설마?"
"에이! 김 형, 남 진심을 그렇게 무시하는 게 아닙니다."
"제가 박 선생님을 어찌 무시하겠습니까?"
"어찌 되었든 내, 김 형에게 진 빚은 꼭 갚겠습니다."
그는 늘 이렇게 마음으로 말한다. 계산도 위선도 없다. 그는 내가 보증서서 피해 본 일이며 금전적인 채무 관계를 말하고 있다. 그렇지만 난 잊어버린 일들이다. 보증을 설 때에도, 돈을 건넬 때에도 난 이미 그것들이 내 몫으로 남으리라는 걸 알고 있었다.

"다 지난 일입니다. 저는 잊었습니다. 그러니 박 선생님도 잊으십시오."
"사람이 어찌 그럴 수 있나요? 그건 사람이 할 짓이 아니지요."
그는 심각하게 말한다. 그렇지만 주머니에 돈이라도 생기는 날이면, 지금의 결연한 마음은 어데다 팽개쳐 두는지 얼굴 보기 힘들어지는 게 이 사람이다.
"와 그리 보십니꺼?"
"하하, 저도 박 선생님이 좋아서 그렇습니다. 살아오는 동안 변함없이 친구로 있어 주어 고맙습니다."
"엥? 김 형도 참 많이 늘었습니다. 제가 그거 늘 써먹은 수법인데 저한테 배운 거 아닙니꺼?"
그는 술이 들어가고 기분이 좋아지면 이렇게 '꺼' 자를 쓰고 존칭에서 때로는 후배를 대하는 듯한 말투로 바뀌기도 하였다. 난 까딱하면 그를 안아 줄 뻔하였다. 다만 바닥에 마른안주와 소주병이 가로막아 자세가 나오지 않았다. 늘어진 볼살과 주름, 아버지에게 맞아 제 눈이 아니라는 왼쪽 안구가 유별하게 드러나 보인다.
지난 세월 동안 많이도 변하였다. 배짱과 사내다움이 물씬 풍기던 한때가 있었는데 그는 이제 막 중년을 넘어 장년으로, 어쩌면 장년에서 노인네로 건너가는 다리에 닿아 있는 듯 보였다. 그러기에는 좀 이른 나이지만 그래 보인다.
"자, 한잔 더."
"좋습니다."

***

다음 날 아침도 여느 날처럼 늦게 일어났다. 서울에서는 늘 설자고 새벽에 깨어 뒤척이곤 하였는데 이번에는 아침마다 늦게까지 숙면을 취한다. 박병수 씨의 커다란 코골이 소음에도 불구하고 말이다. 지난밤에는 몇 시에 잠들었는지도 모르겠다. 우린 세 병의 소주를 더 사다가 마시고는 어쩌고저쩌고 노닥거리다가 잠이 들었다. 나중의 대화들은 기억에도 남아 있지 않다. 따뜻한 목욕탕에 몸을 담그고 눈을 감고 있으니 세상 이리 편안하기도 드물 거란 생각이다. 박병수 씨는 냉탕과 사우나를 오간다. 인월 기사식당에서 다슬기탕을 먹고 식당에 쌓아 놓은 감자 두 상자를 2만 원에 사서 차 트렁크에 넣었다. 하나씩 나누어 갖자며. 소천면을 벗어날 때쯤 박병수 씨가 자신의 아버지 이야기를 꺼낸다. 아직 살아 계시단다. 천천면이라 한다. 한번 찾아뵈라 하였더니 어쩔까 하는 듯싶다. 그는 아버지를 싫어한다. 오랫동안 그의 아버지라는 사람이 있었는지도 몰랐다. 아버지라는 용어에 대해 아예 외면하려는 그를 본 적은 있었다. 그의 한쪽 눈이 의안이라는 것도, 그게 아버지에게 맞다 그리되었다는 것도 오랜 시간이 지난 후에야 알았다. 왜 갑자기 아버지 얘길 꺼내는지. 약해진 탓일까? 그의 몸이 약해지면서 마음도 예전과는 다른 것 같다. 오래 사시지 못할 것 같다는 소식을 들었다 한다. 그가 고개를 끄덕인다. 가 보자는 뜻이다.

천천면은 거리상으로는 가까웠지만 태백산의 한 줄기를 넘어야 했다. 소천면 반대편이다. 자동차로 40여 분 거리였다. 마을은 대방산이란 이름의 산자락에 편안해 보이는 곳에 자리 잡고 있었다. 드물게 볼 수 있는, 마음에 드는 그런 시골 마을이었다. 작고 운치 있는 집에 그의 아버지가 계셨다. 얼핏 보이는 집 마당에는 이런저런 화초가 꽃을 피우고 있어 내심 생각하였던 이미지와는 좀 다른 분위기였다. 난 아예 들어가지 않았다. 그가 혼자서 조용히 아버지를 보고 싶어 하는 눈치여서 말이다. 난 밖으로 나와 얼쩡거리다가 마을을 한 바퀴 돌기 시작했다. 마을 중앙에 커다란 팽나무 두 그루가 자리 잡았고 마을 회관이 덩그러니 서 있었다. 부조화스러운 건축물이었지만 한편에 매인 소와 한가하게 오가는 강아지가 늘어진 시골 풍경을 만들고 있었다.

뒷산은 높았고 마을은 아늑하였다. 기웃거리며 돌담장 너머를 건너 보고, 할머니가 지팡이를 짚고 걸어가는 것도 보았다. 눈에 띄는 몇 분이 다들 할머니, 할아버지이다.

꽤 시간이 지났다 싶어 되돌아가니 마침 그가 나오고 있었다.

"아! 왜 이렇게 힘이 없어. 날 팰 때처럼 힘 좀 내 봐요."

그의 목소리가 나비의 춤처럼 가볍게 출렁거렸다. 그 뒤쪽으로 그의 아버지로 보이는 이가 불안하게 헛간으로 보이는 나무 기둥을 잡고 서 있었다. 반듯이 서 있기도 만만치 않은, 걸음을 떼기도 어려워 보이는 모습이다. 골격이 크고 큰 키였지만 이제는 앙상하게 마른 형체만 보이고 있다. 인사를 드리는 게 어떠냐니 그냥 가자 한다.

"잘 사셔요."

그의 음성이 또다시 울려온다. 무슨 환청을 듣는 것 같다. 비가 오다가 어쩌다 이리 따스하게 비추이는 햇살 탓인가? 말없이 걸어 자동차에 시동을 걸었다. 마을을 빠져나오며 그는 마음이 좀 홀가분하다 한다. 내 덕이라고도 한다. 마주 잡아 본 손이 따뜻하지가 않고 차가웠다는 말을 두 번이나 한다. 부모와 자식 간에는 어쩔 수 없는 그런 게 있다는 말도 한다. 그리고 남은 재산은 이복 여동생에게 다 주기로 했다는 말도 한다. 어쩌면 그는 뭔가 기대하고 있었던 걸까? 그런 마음이 있었는지는 모르겠다. 그는 홀가분해 보였고 한동안 생각에 잠긴 듯이 보였지만 이내 입을 벌리고 꿈속으로 빠져들어 갔다.

이내 햇빛이 힘을 잃더니 구름이 끼고 태백을 넘어서부터는 비가 오기 시작한다. 기분이 좋아지더니, 그 좋아진 기분이 좀처럼 사라지지 않는다. 이런 맛에 사는 건 아닐까도 생각한다. 와이퍼에 밀려 나가는 빗물이 소리를 낸다. 타닥이며 떨어지는 빗소리도 좋다.
이제 코를 골기 시작하는 박병수 씨의 늘어진 자세도 좋다. 2t 트럭이 위험스럽게 날 추월해 간다. 브레이크를 잡아 그가 편하게 날 앞질러 가게 한다.
뭘까? 그게 뭘까? 뭔가 생각하는 듯하지만 또 아무런 생각도 하지 않는다. 그저 리듬을 타는 듯도 하다. 박병수 씨가 아버지에게 건넨 잘 사시라는 말이 되울린다.
잘 살아, 잘 살아. 내게도 말한다. 반복해 웅얼거리지만 별 뜻을 갖지는 못한다.
그저 굴러가는 바퀴인 양, 떨어지는 빗방울인 양하다.
이 순간, 살아 있다는 게 꿈인 양하다.

인도의 가난과 거짓에 대하여

10여 년도 전에 델리에서 배낭족 여자를 만났다.
꾸밈이 없고 여행을 좋아하는 친구였다.
안나푸르나 트레킹을 하고 인도로 넘어온 지 10여 일 되었다 했다.
죽이 맞아 밥도 같이 먹고 그녀가 사귄다는 인도 요가 선생과 요가에 대한 얘기도 나누었다. 인도에는 요가 국가자격시험이 있으며 요가를 학문이라 하였다. 요가에 깊이 있는 사고와 철학이 함께한다는 것도 그때 알았다. 그녀는 그와 잘 되었는지. 그 인도인은, 진지하고 잘생긴, 느낌까지 좋은 친구였는데. 그런 그녀가 헤어지며 네팔에 꼭 가 보라 하였다. 너무 좋다고 하면서 말이다.

난 이틀 후 구 델리역 가까이 길거리 여행사에서 버스표를 예매하였다. 첫 히말 트래킹을 해 보리라 마음먹었던 까닭이었다. 델리에서 소나울리 구간을 사진으로 보니 누워 잠을 잘 수 있는 2층 버스였다. 20여 시간이 소요된다 하였다.

다음 날은 황당한 날이었다. 새벽에 일어나 여행사 앞에서 허름한 봉고를 타고 1시간 가까이 달렸다. 도착한 산자락 공터에서 2시간을 기다려 맞닥뜨린 버스는 놀라웠다. 앞좌석과 간격이 짧아 무릎이 맞닿았고 비가 새 물방울이 뚝뚝 떨어졌다. 사진 속 좌석이 널널했던 2층 버스는 여행사 직원의 거짓말이 녹아들어간 모양이었다. 아무 곳에서나 정차하였으며 통로에까지 사람들로 가득 찼다. 국경을 넘나드는 버스인데도 그러하였다.

배낭족은 이스라엘 젊은이가 둘이었고 모두 커다란 짐 꾸러미를 들쳐 멘 사람들이었다. 소나울리에 도착한 시간은 다음 날 해가 기웃한 때였으니 몇 시간이나 걸렸는지 모르겠다.

그날의 고생은 잊을 수가 없다. 독하다는 이스라엘 여행자들도 도중에 하차하였는지 사라져 버렸다. 난 혼자였고 달리 방법이 없었다.

한국에서 대학을 졸업하고 군대 가기 전 왔다는 친구도 그랬다. 아주 근사한 인도 복장을 하고 있어서 웬 옷이냐 물었더니 쑥스러워하며 웃었다. 그때 들었던 과정은 잊었다. 속아 사게 되었다는 이야기다. 그는 손가락을 꼽아 보며 몇 번을 당하였는지도 모르겠다 한다. 내가 봐도 딱 당하기 쉬운 상대로 보였다. 그렇게 그들은 틈만 나면 속이려 들었다. 먹고 살기 위해, 가난 때문에 그럴 터였다.

머날리에서였다. 캐나다에서 인도 식당을 하는 시크교도와 하룻밤을 같이 지내게 되었다.

침대는 하나뿐이었다. 난 연장자인 그에게 침대를 양보하였는데 꽤나 끈질기게 사양하였다.

그렇지만 결국 난 바닥에 침대 커버를 깔고 잠을 자게 되었다. 그는 조카 결혼식 때문에 와서 이제 행사를 마치고 돌아가는 길이라 했다. 털이 많고 체격이 좋았다. 내가 겪어 본 인도인들은 다들 머리가 좋고 육체적으로도 강했다. 그리고 감정에 휘둘리는 걸 보지 못하였다. 우린 몇 마디 하지 않았지만, 그가 적당히 상식적인 사람이라 판단되었다.
하지만 부자에 대한 그의 견해는 독특하였다. 가난한 사람은 나쁘고 부자는 좋다고 말하였다. 에둘러 표현하였지만 결론은 그랬다. 가난한 이들은 더럽고 거짓말쟁이이고, 부자는 정직하고 깨끗하고 신뢰할 수 있다는 논리였다. 하지만 그는 정직이나 신뢰 같은 여러 고상한 일들이 먹고 사는 기본적인 문제가 해결된 이후의 문제라는 걸 모르는 것 같았다.

인도에서 가난한 이들을 보면서 느낀 건 그들이 맨땅에 헤딩을 하고 있는 것처럼 보였다는 것이다. 집도 절도 없는, 비빌 언덕도 없는 구걸하는 이들은 얼마나 많은지. 노인도 있고 아이를 들쳐 업은 어머니도 있다. 아이들은 몰려다니며 구걸을 하였다. 그래서 어떤 이는 아침부터 저녁까지 밀가루 반죽을 하며 한 달 3만 원가량의 돈을 번다. 어떤 이는 게스트 하우스에서 생활하며 바닥에서 잠을 자고 잔일을 하면서 하루하루 그의 삶을 때워 간다. 자전거 릭샤는, 말 그대로 몸으로 그의 삶을 지탱한다. 그래도 그들은 하는 일이 있다.
그마저도 할 수 없는 이들은….

어떤 이는 길거리에서 물건을 떡 내놓고 대변을 본다. 이제는 쉽게 볼 수 없지만 10여 년 전에 델리의 구 도심 뒷골목에서 가끔 볼 수 있는 풍경이었다. 그들이 쏘아보는 눈빛은 섬광처럼 강렬하다. 길거리에서 똥을 쌀 수밖에 없는 자신의 상황에 대한 자존심이 그를 저리 만드는 걸까? 난 그런 눈빛을 쉬이 보지 못하고 외면하였다. 도심의 한복판에서 그들이 가진 건 무엇이었을까? 무엇이 있었을까? 그가 혹 역사책에 나오는 불가촉천민이 아니었을까? 불가촉천민이란 신분 제도 사회에서 카스트 자체를 갖지 못하는 이들이다. 사회가 다양화되면서 새로운 직업이나 집단이 나타나면 반드시 어떤 종류의 카스트로 인식되어야만 한다. 그마저도 실패하면 극도로 계층화된 사회에서 가장 낮은 지위마저 갖지 못하게 된다. 신분을 갖지 못한 이들은 다른 사람들과 분리되어 살아야 했으며 쓰레기 더미를 뒤지고 짐승처럼 살아가야 했다.

인도의 가난은 소나 개나 사람이나 비슷하게 만드는 거 같다. 대접도 그리 받는다.
그러니 그깟 거짓말이나 속임수, 더러움 같은 게 무슨 큰일이 되겠는가? 길거리에서 죽어 버린 것처럼 사람이 널브러져 있어도 다들 별 관심이 없어 보인다. 얼마 전 신문에 인도의 소녀가 스스로 목숨을 끊은 일이 활자화되어 있었다. 집 안에 화장실이 없어 날마다 밖으로 나가 언덕이며 어느 외진 곳을 찾아 그 일을 해결하는 게 너무 수치스러웠다 한다. 그 작은 도시의 70%의 집들이 화장실을 갖고 있지 않았다 한다.

인도의 가난은 신도 어찌할 수 없다 한다.

이 세상에는 여러 일들이 많지만

많은 사람들이 가장 두려워하는 건 가난이 아닐까 싶다.

가난하지 않다면 가난이 대수일 리는 없다.

그러나 내가 가난하다면 가난은 내 상전이 되고야 마는 것이다.

하루 3

길거리가 한산하다.
이어폰을 끼고 이런저런 노래를 벅스에서 골라 듣고 있다.
누군가는 보고 싶다고 노래한다.
노란 옷을 입은 아주머니가, 붉은 재킷을 걸친 할머니가
조금은 불안정하게 걸어간다.
바람이 불어 자바시티 커피숍 바람막이를 부풀어 오르게 한다.
이 하루가 서서히 물러나는 걸 난 보고 있다.
물리학자인 스티븐 호킹 박사는 사람이 죽으면 끝이라고 한다.
컴퓨터가 깜박이다가 꺼지는 거와 같단다.
그럼 모든 게 땡이라고 말했지만,
난 지금 그런 것과는 무관하게 이렇게 앉아 있다.
보고 듣고 있는 것이다.
살아 있고, 내게는 아직 많은 시간이 있다.
내게는 봄도 많이 남아 있고 가을도, 겨울도, 몇 번이고 또 몇 번이고
볼 수 있을 터이다.
그렇지만 그렇게 남은 날들이 많지만 그 또한 순간임도 알고 있다.
그래서일까?
지금은 외로움과 쓸쓸함이 함께한다.
젊은 날처럼 치열한 고독은 아니지만 싸한 감정이 날 감싸는 듯하다.

그 많은 욕구들은 어데로 갔을까?
바람과 꿈들. 욕망과 절망, 열정까지도
이제는 침전물처럼 가라앉아 있다.
그리고 그 위로 유영하듯이 팔랑이는 이 감정은 잿빛의 아지랑이 같다.

세월의 무게일까? 살아온 날들이 켜켜이 쌓여 만들어 내는 향일까?
지난 주말에 난 인릉산에 올랐다.
그곳은 온통 초록으로 물들고
여기저기 작은 송충이들이 나뭇잎들에 매달려 있었다.
그들 탓일까?
그 풍성한 먹이로 겨울이면 거의 들을 수 없던 새소리가
여기저기 가득 차 있었다.
요란하게 땍땍거리는 저 소리는 아마도 교미를 하고 싶어서
애타게 수컷이나 암컷을 부르는 것 같다.
봄이 깊어가고 있다.
난, 내 삶은 초가을에 들어선 듯한데
이날들은 청춘의 꽃 같은 18세 같다.
자연은 온갖 초록으로 치장하고서 날 뒤엉키게 한다.
나비가 날아오르고 꽃이 피어난다.
보도블록 사이로 올라온 채송화도 아침이면 제 자랑하기에 바쁘다.
길가 화살나무에 배배 꼬인 나팔꽃도 그렇다.
착잡한 걸까?

슬픈 걸까?

아니, 슬프지는 않다.

난 그저 생소하게 갖게 된 생명과 자아에 대해 알 수도 없는 그 많은,

무참하게 강한 일들에 휘둘리고 있는 것이다.

그래서 가끔은 어찌할 바를 모르고 버벅거린다.

이어폰 속의 그녀는 약속을 할 수 없는 현실 때문이라 노래한다.

자전거를 타고 지나가는 이도 있다.

자동차와 아사히 맥줏집과 희뿌연 하늘이 보인다.

간판과 표정들이 길거리에 있다.

내 감정이 담배 연기처럼 제멋대로 모양을 만들다가 흐트러진다.

그리고 시간이, 이 하루가 그림처럼 서서 날 속이고 있다.

그래서 헛되고도 헛된 이날들을 채색하고 덧씌워

나로 하여금 허망한 날갯짓을 쉼 없이 되풀이하게 한다.

미얀마를 가려는 마음가짐

4년 전쯤 미얀마를 가 보려 했었다. 이제 막 개방이 시작되었던 때였다. 그래서 순수하여 때 묻지 않았으리라는 기대, 살아가는 모습들, 자연이 궁금했다.
하지만 그때 무슨 일이었는지 가지 못하였다.
한 달 전쯤 친구들과 관악산을 산행하던 중에 미술을 가르치는 친구가 방학에 미얀마를 간다 하였다. 집에 돌아와 미얀마를 뒤적이다 며칠 후 항공편을 예약하였다.
알아보는 중에 가 봐야 별게 없어 보여 아니다 싶었지만 비자까지 받아 금요일에 출발하게 되었다.
다시 가려 결정한 데에는 어쩌다 떠오른 달라진 하나의 마음가짐이 있었다.
기대하지 않는다는 것, 이곳저곳 가 보려 하지도 않을 거라는 것.
그저 다 잊고, 조용히 밥 먹고, 사람들도 보고, 책도 한 권쯤 읽고 싶다는.

여행을 떠나면 이곳에서의 여러 가지를 놓치지만 또 그곳에서 뭔가를 늘 얻으려 드는 경향이 있다. 목적을 갖는 것이다. 손해 보지 않고 살아가려는 게 몸에 배인 탓일까?
어데까지 가 보고, 어느 곳까지 올라 보고, 또 정신적으로는 더 풍요로워지고, 관대해지고, 자유스러워지겠다는 그런 것들 말이다. 랑탕에 가면 강진곰파까지, 에베레스트를 택하면 칼라파타르, 고쿄리까지. 파키스탄에 가면 낭가파르바트에 가서 트래킹을 해야 하고 탄자니아에 가면 킬리만자로에 오르고 세렝게티 사파리를 빼놓을 수 없다는 그런 거 말이다.

그렇지만 늘 그렇지 않았던가?
무슨 일을 하여도, 그 무엇이 되어도 변하는 건 없다는 것이다.
대단한 그 어떤 것, 그런 건 있지도 않다는 거 말이다. 다녀오는 거야 가능하지만 지나고 보면 그게 큰일일 것도 없다. 그저 그 순간의 생소한 즐거움, 만족 뭐 그런 정도이다. 그런 것들이 우릴 목메게 하지만 말이다. 여하튼, 천하 없는 일들도 그게 현실이 되면 별게 아닌 게 우리 삶이 아닌가 싶다. 아니, 우린 어찌할 수가 없는 것이다.
그저 착각이고 과대망상이다.
무슨 일을 하든, 무엇이 되든, 아침이 되면
우린 여전히 똥을 싸야 하고 미워하고 욕심을 낸다.
고상해지기도 하고, 사랑해야 하며 사소한 일을 참지 못하고 화가 나 끙끙거리는 것이다.

그러니, 그래. 이번에는 아무것도 하려 하지 말자.
그저 잡생각이나 하고 어슬렁거리며 걸어 보자.
밤새 야간 버스를 타 볼까? 인레호수 호숫가에서, 며칠이고 멍 때려 볼까?

뭐 그것도 내키지 않음, 조용한 시골 숙소에서 죽치고 지내보는 것도 좋을 것이다.

느긋하게 별생각도 없이.
그렇게, 그렇게 말이다.
미얀마라는 곳에서 아무 생각 없는 시간을 보내 보는 것이다.

한가한 일요일 오후

지난해부터 곧잘 설악 무박 산행을 다녀오곤 한다. 늘 힘에 부치지만 가끔은 좋은 컨디션으로 부드럽게 다녀오기도 한다.
10시간 전후의 산행은 정말 멋지다.
땀을 흘리고 급한 숨을 몰아쉬면, 살아서 그만큼 멋진 일들이 얼마나 있을까 싶다.

어제는 대승령 코스를 택하였다.
약 18km의 거리로 백담사나 천불동 코스보다는 2시간 가까이 더 걸리지 않나 싶다.
귀때기청의 너덜지대가 좀 힘들었다. 수평 감각이 떨어져서인지 조심스러웠고 비가 와 좀 미끄럽기도 했다.
설악산 산행에서 대승령 코스만큼 조망이 탁 트인 코스도 없지 않나 싶다. 다음 주에는 공룡능선을 타 보고 싶다.

시간이 흐르고 있다.
하루,
한 달.
계절까지도 덤으로 뭉쳐 흘러가는 것 같다.
그래서 가끔 지난날을 뒤돌아본다.

그리 바라보면 지금의 내 인생이 기억 속에 남은 지난날들과는 꽤나 변해 있음을 자각하게 된다.
이제는 별반 안달하고 애태하는 일들이 없다.
오밤중에 일어나 밤새 차를 몰거나, 갑자기 배낭을 메고 산속으로 들어가지도 않는다.
꿈을 꾸고 그리워하는 일도 그렇다.

6월의 마지막 날이다. 그러고 보니 오늘이 올 한 해, 반쪽의 끝자락에 매달려 있다.
아주 한가롭기도 하다.
두 꼬맹이들이 오락거리고 아내도 회사 일로 컴퓨터 작업을 하고 있다.
창밖으론 푸르른 녹음이 이른 여름 더위와 햇살에 지친 듯 소리 없이 느리게 건들거린다. 놀이터엔 아무도 없다.
하얗고 노랑, 초록의 미끄럼틀이며, 그네가 나뭇가지들 사이로 자리하고 있다.
커피를 든 여자아이가 걸어간다.
이내 멈추어서 나무 그늘 아래에서 담배를 피운다.

호르몬 탓일까?
그 탓에 젊은 날과 중년과 노년의 시간들이 달라지는 걸까?
그렇지만 오늘은 이틀 전에 다녀온 장거리 산행으로 여러 것들이 업되어 있다.
감정은 고요하지만 넉넉하게 고여 있고 나른한 몸 또한 에너지가 넘실거린다.
창가 흔들의자에 앉아 있다.
두 눈을 껌벅이며 여러 일들을 되풀이한다.
손끝에 느껴지는 나뭇결을 매만지고 실내와 창밖을 번갈아 본다.

좀 우습기도 하다.
여러 일들이 소소한 것이다.
새소리도 들린다.
아무런 생각이 나지 않기도 하다.
저 더위에 지친 듯 늘어져 있는 푸르른 녹음에 전염되지 않았나 싶다.
태평함 같은 걸까?
걱정이 없는, 또 그 어떤 욕망도 없는, 미치도록 여유롭고 한가함만이 가득 찬 시간이다.
2시가 넘었는데 3시가 되고 또 4시가 넘어가고 있다. 흰나비가 펄럭이며 몇 번의 날갯짓에 창틀 시야를 벗어난다.
라디오에선 조그만 목소리로 오래전에 들었던 음악이 흐르고 있다.
20대 때에 들었던, 10대 때에도 들었던. 저 노래는 시끄럽고 흥겨운 곡인데도 내 마음을 더욱더 잔잔하게 한다.

이 순간이 좋기도 하다.
지금은 노오란 시간의 성 속에 잠겨 있다.
여러 것들이 가물거린다.

나무
− 내가 너와 같다

창밖 하늘이 희뿌옇다.
봄이 오기 전, 아직은 겨울이다.
밤이 오기 전, 아직은 낮인 그런 시간.
바싹 말라 누렇게 뜬 잎을 달고서 검고 길다란 나무들이
그렇게 서 있다.
건들거리는 모습이라니.
바람이 찾아와 안아주고 쓰다듬을 때만이 저렇게 움직임을 보인다.

넌 거기 서서 뭐 하는 거니?
춥지는 않니?
배가 고플 법도 하건만
하늘을 배경 삼아 앙상하게 벗은 몸을 드러낸 채로
어제도 오늘도 그 모습 그대로이다.
쉬지도 않고 서고 또 서서
네게 주어진 네 삶을 넌 그렇게나 변함없이 지켜 내는구나.

난 그리할 수 없다.
난 억울하여 그리할 수 없다.

어쩜 너도 그러할까?

너도 나처럼.

다만 어찌할 수 없어서, 달리 뭔가 해 볼 방법이 없어서,

추운 겨울날 그리 서 있는 겐가?

그렇담, 너와 난 처지가 비슷하구나.

나 또한 어찌해 볼 수가 없어서 이렇게 사는 것이다.

늘 어리석고 늘 속으며 감정의, 거짓 사고의 노리개가 되어,

본능의 종이 되어,

바둥거리며 안달하는 것이다.

죽는 날까지.

너처럼 나 또한 그러할 것이다.

자리를 지키고 서서 버티고 또 버티면서.

쉬지 않고, 내게 주어진 역할에 최선을 다할 것이다.

널 흔들어 주는 바람이 내게는 무엇일까?

날 흔들어 주는 게 있기나 할까?

나 또한 너처럼 날 흔들고 어루만지는 무언가가 있었음 좋겠다.

그렇담 난 그에게 물어보리라.

넌 어데서 와서 어데로 가느냐고.

그리고 나 또한 너처럼 그렇게 자유롭게 살고 싶노라고.

나 또한 너처럼 알 수 없는 곳으로 떠나고 싶노라고 말할 것 같다.

노오란 길

노오란 길을 걷는다.
어제도 걸었고 그제도 걸었고 지난해에도 걸었다.
아마 내일도 걷고 꼬부랑 할아버지가 되어서도 걸어야 할 길이다.
다람쥐가 쳇바퀴 도는 것과 다름없음이다.
다람쥐,
그 녀석은 맨날 그 짓을 하면서 지루하지 않는지 모르겠다.
하긴 좁은 통 안에서 뭐 할 일이 있겠는가? 사람들 눈요기라도 시켜 줘야겠지.
근데 난 누구 눈요기를 시키려고 이리 똑같은 길을 걷고 또 걷는 걸까?
왜 뒤돌아보지도 않고, 의아해하지도 않으면서 같은 일을 되풀이하는 걸까?

그인가?
신이라 부르는 이, 절대자라 우리가 호칭하는 이?
그가 이리 틀을 짜 놓은 건가?
그가 만든 통로를, 각본에 따라 돌고 또 도는 걸까?
그를 위해서 그의 의도대로 기를 쓰며 내 역할에 최선을 다하는지도 모르겠다.
매일매일 이 하루하루를 때우는 일 말이다.

그래서 똑같은 길을 가고 또 가기를 반복하는 것이다.
그날이 그날이 아니다 말할지 모르지만 내게는 그날이 그날이다.
다른 날이 아닌 꼭 같은 날이다.

그래서,
사실을 말하면 나도 신이라는 녀석을 구경해 보고 싶다.
그는 뭐 하는 작자인지, 뭘 하고 사는 건지? 가진 건, 능력의 끝은 어데까지인지?
왜 날 만들어 이리 절망케 하고 무력감으로 몸부림치게 하는지 말이다.
혹여 그가 날 만든 작자라는 게 확실하다면,
내 힘만 있다면 그의 뒤 똥구멍이라도 한 대 걷어차 주고 싶다.
그렇지만 그게 가능할까?
아마도 그 신이라는 작자는 손가락 끝으로 날 튕겨 버릴 터이다.
가소로운 녀석이라며, 제 분수를 모르는 놈이라며 낄낄거릴지도 모른다.
신이라! 너무 거창한 이름이다.
하긴,
우리들 관념이 그렇지.
그라고, 신이라고 해서 무슨 뾰족한 수가 있겠는가?
알 만한 일이다.
나와 다람쥐의 관계처럼 우리 사이도 그렇고 그런 사이일 게다.
그렇다고 해도,
여하튼,

그래도 그 작자를 보고 싶은 마음은 간절하다.

오랜 세월 그를 보고 싶어 했다.

그의 쫄따구처럼 보이는 귀신이라는 작자도 보고 싶었다.

그래 공동묘지에서 꼬박 날을 새기도 했다.

왜 그런 턱도 없는 짓을 하느냐고

오래전 내 친구는 그렇게 할 일이 없느냐 물었다.

그깟 일들이 뭐 중요하냐고, 귀신은 만나서 뭘 할 거냐고?

그 괴상한 생각 좀 그만 하고 정신 좀 차리고 현실을 직시하라고 말이다.

그래 나름 할 말이 많았지만 멀뚱거리며 그를 쳐다보다 말았다.

그일 또한 어찌할 수 없는 일이다.

그를 이해 못 할 바도 아니다.

내가 그의 삶을 단조롭고 무의미하게 바라보듯이 그 또한 나와는 전혀 다른 시선으로 내 삶을 바라볼 터이다.

사람은 누구나 제 관심사가 아닌 일들은 별다른 의미를 갖지 못한다.

그러니 우리가 바라보는 세상은 제각각일 뿐이다.

사람이라는 게,

그저 공감하고 자신과 비슷한 가치를 만났을 때만이 손뼉을 치고 서로 마주 바라보며 웃는 것이다.

여하튼 그 턱도 없는 일들이 내게는 중요한 일이다.

왜?

너무 별난 작자들 아닌가?

너무 근사하지 않은가?

날 만든 놈이거나 아님 무슨 특별한 능력이 있을 터이니 내 어찌 궁금하지 않겠는가?

뭐 남을 지켜보는 게 본업은 아니니 그건 그렇다 치자.
내 마음도 이랬다저랬다 한다.
본심을 말하자면 그런 게 있을 턱이 없다.
그런 대단한 불사의 존재가 있다면 사는 일이 좀 더 의미가 있겠지만 내 이성으로는 믿음이 가지 않는 것이다.
내 인식이 절대적이지 않다는 걸 알기에 어쩌면 하는 기대 정도일 뿐이다.
그런 존재가 있다면 우리가 생각하는 그런 우월적 존재나 갑의 위치에 있는, 그런 존재는 아닐 것이다.
어쩌면,
우리의 인식을 넘어선, 우리가 생각하는 신이 아닌 또 다른 차원의 그런 어떤 존재일 터이다.
그 작자들에 대한 얘기는 관두도록 하자.

그보다는 난 지금 생소한 인식과 감정으로 당황해하고 있는 것이다.
그래서 지금은,
이 노오란 길에 대한 얘기를 하고 싶은 것이다.
퇴근길에 집에 돌아오며 줄줄이 늘어선 자동차 불빛 속에서, 이렇게 깜짝 놀라고 있는 것이다.

어! 어! 하면서 말이다.
어제 그 길인데, 그제도, 그끄저께도 왔던 길인데 하면서 말이다.
길 양옆으로 익숙한 가게들과 아파트와 저만치 보이는 탑이 말이다.
그게, 그게 말이다.
하며 머릿속이 띵해 오는 것이다.
왜 아침마다, 왜 저녁마다 같은 일을 되풀이하는 거지?
그리 생각했더니 세상이, 내가 가는 이 길이. 자동차 불빛들이 그 모두가 노오랗게 변해 버리는 것이다.
난 버벅거리다 자동차 경적 소리에 놀라 퍼뜩 정신을 차리고 앞차 뒤꽁무니를 따라간다.

노오란 길을 걷는다.
하루도 빠짐없이 지쳐하지도 않고 지루해하지도 않는다.
똑같은 날들인데 말이다.
바보인가?
왜코벌인가?
그 좁은 통 안에서 잘도 지내는 다람쥐처럼 나도 잘 지낸다.
태어나 죽는 날까지 아침이면 일어나고 저녁이면 잠을 자고 맨날 그날이 그날 같은 일들을 되풀이하면서도 용케 잘도 버티는 것이다.
어찌 보면 신통방통한 일이다.
환히 보이는 게 사는 일이고 삶이고 그렇다.
그런데도 무슨 욕망의 덩어리를 가슴속에 품었는지 잠시도 쉬질 못하고 무언가를 찾고 무언가를 원한다.
지겨워서도 버티기 힘들 터인데 도통 그렇지가 않다.
겹겹이 치장하고 무슨무슨 요상한 것들을 이날들에 뒤집어씌워 쉬이 헷갈리게 한다.
명예네 사랑이네 인류애네 하는 것들, 어데 그뿐이랴 지위와 소유와 지식, 늘어놓자면 끝도 없다.
그런 많은 것들이 내 본능과 뒤엉켜 내 혼을 쏙 **빼놓는** 것이다.
그 뻔한 일들에 설레어하고 잠 못 이루는 밤이 얼마만큼이었던가?
갈망과 절망으로 몸부림쳤던 그 시간들은
그 턱도 없이 가소로운 욕망들이라니!

그러니,
나름 똑똑한 나도 어리바리해져서는 달려갔다 되돌아오고, 똥인지 된장인지 구별을 못 한 채로
또 뛰어가며 숨을 헐떡이는 것이다.
오늘은 30분, 속도를 10에 맞추고 러닝 머신 위를 달리며 건강을 챙기고, 내일은 열심이 자판을 두드리고 또 그 여자와 화해하는 것이다.
다음날에는 작년부터 하고 싶었던 석류나무와 애기사과나무를 앞마당에 심는 것이다.
또 어느 날 저녁에는 일장 노가리를 까고 또 다음 저녁에는 그놈들과 맥주를 한잔 마시고 말이다.
좀 더 끈끈한 가족관계를 위해 마주 보며 저녁을 먹고 눈을 맞추고 웃는

것이다.

진급도 하고 여행도 해야 하고 좀 더 큰 집으로 넓혀 가기 위해 저축도 해야 하는 것이다.

뭐 새롭게 할 일들이 너무 많아 내가 뺑뺑거린다는 사실도 잊고 산다.

내가 똑같은 일을 셀 수도 없이 되풀이하고 있다는 것도 잊어버린다.

살짝만 눈을 치켜올리면 그 뒤 그림이 환히 보이는데도 말이다.

본능이 가리키는 나침판을 따라 쉬지를 못하는 것이다.

성냥개비로 수많은 집을 지어 보지만 모양만 다를 뿐 그게 그거라는 사실도 모르는 것이다.

만족을, 행복을 위하여 살아가지만 그들은 그저 줏대도 기준도 없는 본능의 도구, 허깨비라는 걸 모르는 것이다.

오늘은 집에 돌아오며 용케 그런 진실을 보는 것이다.

어! 어! 하며 말이다.

어제와 다르네. 어제는 초록이었는데 오늘 이 길은 왜 이리 붉지? 하고 말이다.

어둠과 밝음으로, 똑같은 길을 헷갈리게 하는구먼 하고 말이다.

그러다가

어! 지난해에도 다녔던 길인데, 하고 말이다.

그러다가 주차장에 주저앉아 고민하고 오랫동안 보지 않았던 밤하늘에 별도 보고,

도대체 사는 게 뭘까? 하며 이 궁리, 저 궁리 해 보는 것이다.

그러다가
결국 오랫동안 되풀이했던 질문 앞에 딱 마주 서는 것이다.
어찌해야 할까?
어찌 살아야 할까?

그렇지만,
사람이 뭘 어찌할 수 있을까?
어쩌고저쩌고 사설을 늘어놓지만,
결국 하는 일이라는 게,
그저 할 수 있는 일이라는 게 먹고 자고, 먹고 자는 게 전부이다.
그러면서 그 끝을 향해 한 걸음, 한 걸음 걸어가는 것이다.
참으로 불편하고 어찌할 수 없는 슬픈 진실이지만 달리 뾰족한 수가 없다.

내가 걸어가는 이 길이 노랗고 아주 노랗게 물들어 온다.
한동안 잊고 살았었는데, 쳇바퀴 속 다람쥐처럼 잠시 멈춰서 두리번거린다.

사는 일이, 살아 있다는 사실이 망막 속 빛깔처럼 노오랗다.

오래된 기억 속의 그 길을 따라

좁은 길을 걸어간다.
한쪽은 검게 이끼 낀 돌담길이다.
떨어진 낙엽들도 이제는 부스러져 볼품없이 뭉개져 있다.
또 다른 한편으로 흐르는 계곡물은
금세 살얼음이 낄 것처럼 차가워 보인다.
차디찬 바람이 볼따구며 목젖을 할퀴듯 쓰다듬듯 스쳐 지나쳐 간다.
난 내 아주 건조한 발자국 소리를 들으며 천천히 걷는다.
딱딱거리는 이 음은 차가움과 어울려 내 마음을 서늘하게 하고
관조하는 힘을 갖게 한다.

그때는 그랬다.
오래전 내가 이곳에서 살았을 때 이야기다.
훌러덩 옷을 벗고 저 바위 뒤에서 물살의 흐름을 느끼곤 하였다.
제법 알려진 계곡인지라 사람들의 시선을 피해
보이지 않는 저곳에서 말이다.
햇살이 반짝거리고 물방울들이 보석처럼 튀어 올라
오묘한 색깔을 만들곤 하였다.
대기는 달구어져 후덥지근한 열기로 가득 차 있었고
오만 형상과 강약으로 움직이는 물속에선

그 순간만큼은 감히 정신이 넘볼 수 없는 육체만의 즐김이 있었다.
오늘은 기억 한쪽 구석에 남아 있는 그날과는 한참이나 떨어진
제법 세월이 흐른 뒤 가을의 끝자락이다.
그날과, 오늘, 그 사이사이의 수많은 얘기들은
이제 안개처럼 형체가 없다.
그저 의미를 상실한 지나간 얘기.
그리고 지금은 겨울과 맞닥뜨린 초저녁이다.
하늘은 조금씩 어두움에 잠겨 간다.
새털 같은 구름이 있지만 그저 그들은 왜소하게 조용히 있다.
저 나뭇가지들이라니.
한때 그렇게 무성하던 녹음은 어데로 갔단 말인가?
이제는 그저 거무스레한 볼품없는 나뭇가지에
달랑거리는 몇몇 잎들이 브르르 떨고 있을 뿐이다.

저만치
산사 입구에 장승이 서 있다.
날 보는 것 같다.
오랜만이라고 말하는 듯도 하고 아무런 관심이 없어 보이기도 한다.
이 근처 어데선가 아주 이른 봄날,
너무나 연약하게 피어난 진달래를 한참이나 보았던 기억이 난다.
그 녀석은 어찌 그리도 소박하고 초라하고 아름답기까지 하였던지.

초겨울,
길을 걷는 건.
그만의 향이 있다.
그저 이렇게 걷기만 하여도 말이다.
가슴속에 퍼지는 그 무엇이 있다.
그건 회한일 수도 있고 설렘일 수도 있다.
그들이 아니어도 늦가을과 초겨울의 경계에는
많은 것들이 넘실거린다.
잠깐 걸음을 멈추고 눈을 감거나 혹은 어느 한 곳을 지긋이 바라본다면
가슴을 두드리는 울림이 있다.

검은 나무숲
굳은 흙더미
히힝거리는 바람 소리
차가움, 쓸쓸함
딱히 이유도 없이 흘러넘치는 슬픔, 아련함.

오늘은
터벅거리는 발자국 소릴 들으며
끝없이
이 어스름을 지나
여명이 밝아 올 때까지
그 너머 알 수 없는 어덴가까지 숨죽여 걸어 보고 싶다.

친구

난 혼자이다.
그대 또한 혼자이다.
우리 모두는 길고 긴 삶이라는 무거운 짐을 짊어지고
혼자서 가야만 한다.
그래, 가끔은
쓸쓸하고 외로워하며 누군가에게 기대고 싶어 하는가 보다.

그래도
기대고 싶어 하는 이가 그대여서 난 좋다.
내가 오랫동안 겪어 보아 왔고, 익숙하고 또한 친밀하여 그렇다.

하니,
그대 또한
어느 때인가,
하루하루 살아가는 일이 외롭고 쓸쓸하거들랑,

나처럼,
지금의 내 마음처럼,
내게로 기대어 오면 좋겠다.

어머니

늦은 가을날
햇살이 따사롭다.

그곳
장독대가 놓인 마당 귀퉁이에 오랜만에 어머니와 마주 서 있다.
어느새 늘어난 주름
숱이 적어, 좀 더 많아 보이려고 꼬불꼬불 파마를 하고
검게 염색한 머리칼이 볼품없이 반짝인다.
작은 얼굴에 반팔 나시를 걸친 어머니의 몸이 오늘따라 무력해 보인다.
이런저런 얘길 나누다, 사는 게 꿈 한 번 꾼 거 같다 얘기하신다.
난 고개를 끄덕인다.
아쉬워하시는 걸까?
허망하다 말하시는 걸까?
난 그저 이해만 한다.
내 삶이 그저 잠깐의 선잠인 것을 가슴으로 알려면
죽음과 가까이, 아주 가까이 마주 서야 되지 않을까 싶다.
아마 그리 된다면 그제야 난
어머니가 내게 해 준 이 말이 더 깊이 있게 와닿을 터이다.
사랑하는 어머니

어머니의 변해 가는 모습이 그렇게 가슴 아프지는 않다.
나 또한 그녀와 조금도 다르지 않은 길을 따라가고 있어서이다.
그녀의 발자국을 되짚으며, 같은 모양새로 뒤뚱거리며,
웃고 울며 그렇게 말이다.
하지만 서글퍼지는 것은, 어머니의 너무나 힘들고 가슴 아팠을
지난날들을 오랫동안 보았기 때문이다.
애증과 욕망, 꿈과 바람조차 어느 구석에서라도
자리한 적이 있었을까?
그저 주어진 운명 속 좁디좁은 테두리 안에서
고개를 숙이고 순종하며 강한 의지와 주관으로
하루도 쉼 없이 열심히 살아오신 어머니가 존경스럽다.

산다는 게 때론 고상하고 뭔가가 있는 듯싶지만,
가끔은 구차하고 구질구질하다.
또 더러는 오욕으로, 절망으로 몸부림친다.

사랑하는 이는 내 이런저런 일들을 사치라 여길 만한
삶을 디디고 서 있다.
가 버린 시간에 부쳐
남아 있는 날들을 앞에 두고서
어머니와 나 사이의 알 수 없는 연에 대해 생각해 본다.
그 너머를 잡아 보려 하지만 헛된 일이다.

그 무엇도 손에 잡히지 않는다.

그저 어머니 손을 잡아 쥐고, 다정하게 웃는다.

피부가 부드럽게 늘어져 건들거리고 그런 뼈마디를 하나씩 꼭 쥔다.

따사로운 햇살이 비추는 장독대 곁에서 잠깐,

어머니와 나만의 순간이 있다.

이 깊고도 깊은 심연의 세상 속에서

어느 찰나에 그녀와 내가 엮인 인연을 소중하게 보듬는다.

하루 4

당신은 무얼 바라보는지요?
또 무얼 원하는지요?
며칠 전에는 공들이고 기대하였던 계약이 깨어져 우울하였습니다.
그 일이 성사되면 하고 싶었던 일이 있었는데 말입니다.
다가오는 해에는 하던 일을 정리해야 하는데
그 일이 오랫동안 마음 한구석을 칙칙하게 만들었습니다.
그런 것들 말입니다.
현실적 욕망의 대상들은 늘 중요하고 가치 있어 보이지만
좀 떨어져서 바라보거나 시간이 지나 놓고 보면 하찮은,
부질없는 일들입니다.

내일 혹은 내달에, 다음 해에 이루고 싶은 일들이 있습니까?
아님 갖고 싶은 대상이 무엇인가요?
그거 해마다 반복해 온 일들 아닌가요?
지금이라 해서 더 중요한가요?

할 만큼 하였습니다.
그만큼 하였으면 충분합니다.

그 욕망을 뒤따라 온 세월이 얼마만큼인가요?
끊임없이 무언가를 원하고 더 많이, 더 높이 갖고 오르고자 하는 바람은
그저 타고날 때부터 우릴 주물럭거려 온 본능일 뿐입니다.
그게 때로는 더 나은 방향으로, 커다란 비전을 실행하여,
오늘날의 문명까지 이끌어 온 것도 사실입니다.
그렇지만 지금은, 그 쉬임 없는 욕망은
이 기적 같은 삶을 피폐하게 만드는 달갑지 않은 존재가 아닌가 합니다.

지난날은 모르겠습니다.
할 만큼 하였으니까요.
이젠 됐다 싶습니다.
오늘, 이 하루는 말입니다.
이 몸과 정신이면 내가 소유하고 느끼는 것들이라면 말입니다.
아침에 먹는 물과 바람,
지난밤 살짝 흐트러진 눈발까지
서늘함을 넘어서 차가운 겨울의 기운
그처럼 날 설레게 하는 것들 말입니다.

가슴속으로 뭔가 쏴 하고 들어오고도 남게 만드는 것들입니다.

욕망은 부질없습니다.
그야말로 트랙을 뱅뱅거리며 쉬임 없이 뛰게 만드는 겁니다.

더 빨리, 더 빨리 소리치며 말이지요.
그렇지만 더 빨리 뛰어 어쩌자는 건지 모르겠습니다.
"지금 그대로 당신은 경이롭습니다.
다른 사람이 되려고 하지 마십시오.
당신이 찾는 것은 이미 당신 안에 있습니다.
당신이 찾는 것은 이미 지금 이 순간에 있습니다."
틱낫한 스님의 생각입니다.

그러니 그처럼 집요하고 무서운 욕망을 벗어던지고
오늘 하루, 이 순간은, 내 여러 감각과 감성과
빛이 나는 자신의 날개 위에 조용히 몸을 얹어
그저 순간순간을 느끼고 행복해하면 좋겠습니다.

내가 좋아하는 것들

가끔 사람들이 뭘 좋아하느냐 묻는다. 그럼 고개만 갸웃거리지 딱히 좋아하는 게 떠오르지 않는다. 산, 여행, 뭐 그런 정도.
스스로 자신에게 물어볼 때가 있다.
뭘 원하는지, 하고 싶은 건 뭔지. 그래도 마찬가지이다.
두 눈을 껌벅거려 보아도 아! 그래, 그거라고 말할 게 없다는 것이다.
헌데 지난 주말 지리산 세석능선을 타며 내가 좋아하는 게 몇 가지 더 있다는 걸 알게 되었다. 물론 힘든 산행이 더 분명한 느낌을 갖게 하였지만 내가 그러한 것들을 좋아하고 있다는 것은 사실이다.
그렇게 좋아하는 것들을 놓아두고 난 왜 딱히 좋아하는 것도, 하고 싶은 것도 없다고 생각했을까?
조금만 긍정적으로, 밝은 마음으로 들여다보면 확연히 드러나는 대상들을 말이다.

그렇다.
난 비를 좋아한다.
그 소리들, 모양들, 비가 오는 날의 풍경, 분위기.
비가 오면 늘 좋다. 그 다양함, 소나기와 지난 주말 산행 중의 그 자욱했던 안개비. 잠결에 들리는 후두둑거리는 소리. 차창으로 부서지는 녀석들.

바람 또한 좋다.
언제부터인지 바람이 불면 바람이 부는 쪽으로 나서 마주 서곤 한다.
그들이 날 부딪히고 어루만지고 쓰다듬는 걸 가만히 느끼는 것이다. 그 때의 기분들이라니.

아이들의 웃음소리.
아내의 밝은 표정, 다정한 손길들.
오가는 눈빛과 마주 앉아 주고받는 얘기, 농담들.
난 왜 그 소중한 것들을 당연하다는 듯이 일상처럼 대하였을까?

이런 생각들을 하며 산행을 하다 보니 난 햇살이며 나무들, 개울, 개울물 소리, 한적함, 밤하늘, 꼬맹이의 눈물. 내가 좋아하는 것들이 적지 않다는 걸 새삼 알게 된 것이다.

욕망은 바보처럼 늘 저 위만 바라본다

우연히 인터넷에서 골수암에 걸린 소녀가
음악 방송에 보낸 편지를 모아 놓은 글을 보게 되었다.
글을 읽고 가슴이 먹먹하였다.

다리가 마비되어 간다.
가족들의 끊임없는 애정과 사랑 속에서
깨어 있는 의식과 느낌으로
육체적인 고통, 변해 가는 몸,
세상과 자신을 바라다본다.
그 감정과, 인식의 흐름 속에서 보여 주는 여러 모습들이
안타깝고 슬펐던 것이다.

피할 수 없는, 도망갈 수도 없는,
병들고 시들어 가는 육체에 갇힌 소녀.
그 끝을 향해 가는 자신을,
스스로 살펴보는 일이란 가슴 아픈 일이다.
스무 살까지 살고 싶다 생각하고
다리가 마비되어도 살아 있음 좋겠다는 마음.
그런 현실 속에서도 이날을, 이 시간을,

사랑하고 아름답게 느끼는 순간들이 있다.

소망과 절망과 체념,

가끔 찾아오는 삶에 대한 긍정적인 마음, 기쁨.

자꾸만 나쁘게 변해 가는 상황들

쉬임 없이 찾아오는 육체적 고통들.

우린 얼마나 어리석은지.

욕망은 바보처럼 늘 저 위만 바라본다.

외로움에 대하여

요즘 들어 외롭다.
누군가를 기대하고 누군가를 기다린다.
혼자 있기도 싫어한다.
예전에는 나름 혼자 지내는 일에 자신 있었는데 말이다.
왜일까?
나약해져서일까?
이런저런 이유가 있지만
사람이라는 게 본래 혼자 있기를 싫어하지 않나 싶다.
사회적 동물이라는 생각은 인간에 대한 하나의 정의 같다.
여태껏 어울려 살아와서일 게다.
인간의 유전자인지 본성 같은 게 그리 돼 있는 것이다.
혼자가 아니어야만이
사랑도 하고 비교도 하고 잘난 척도 하고 증오도 하고
그 수많은 것들을 할 수 있을 터이니 말이다.
혼자라는 건, 사람이 혼자라는 것은 거의 치명적이다.
외로움은 간단한 상대가 아닌 것이다.
바로 그 녀석이 요즘 자꾸 내게 가까이 온다.
다가와서 날 헤집고 내가 제집인 양 불안해하지도 않고
느긋하게 쉬는 것이다.

주말이 되어도 가만히 그 한가로움을 즐기지 못한다.
자꾸 안달하고 궁리를 하다가 영화라도 한 편 보고 와서는
책을 뒤적이다가 물도 마시고 어쩌고 하다가
결국 피할 수 없는 어느 순간 그와 맞닥뜨리는 것이다.

그와 마주 서면 가슴에 싸한 기운이 먼저 스며든다.
그러면 맥이 풀리고 사고와 감정은 잿빛이 되고 만다.
그 모양새가 다양한,
어느 외로움은 아름답고 아주 근사한 이도 있다.
그래서 길을 걷다가 스쳐 지나가는 바람을 맞으며
눈물을 흘리기도 하고
뭉클한 감정과 정조의 시간을 갖기도 하는 것이다.
그렇지만 근래에 날 찾는 외로움은 그저 칙칙하고 볼품도 없다.
그저 날 휘둘러 댈 뿐이다.
치열하고 근사한 외로움, 깊이 있는 고뇌는 때가 있다.
더러는 체력이 받쳐 주어야만이 맛볼 수 있는 것도 있다.
그러나 근래에는, 그런 향이 나는 감정은 좀처럼 날 찾지 않는다.

그 시답잖은 외로움과 친구가 되고 싶지는 않지만
자꾸만 날 찾는 그를 어찌해야 할지 모르겠다.

가을을 타는 걸까?

살아 있음에 대한 단상

오랫동안 그를 무시해 왔었다.
때론 경멸하고 가끔은 소가 닭 보듯 하였다.
늘 내 곁에 있었지만 별다른 친밀감을 느끼지 못하였다.
한때는 그를 떠나고 싶어 안달했지만 난 떠나지 않았다.

오늘은
숨을 죽이고 조금씩 뒷모습을 보이려 드는 그를 느끼고 있다.
불안과 초라함이 함께한다.
영원하리라 은연중 믿었다.
비록 그 의식이 논리적이지 않았다 할지라도 말이다.
늘 함께하여,
때론 그의 존재까지도 잊어버렸지만
이제는 그의 형체가 명확한 윤곽을 갖고 나타나곤 한다.

노안이 찾아오고 새치가 조금씩 흰머리로 변해 간다.
입가의 팔자 주름이 새롭다.
눈자위가 처져 가고
한때는 팽팽하던 근육들도 쪼그라들어 늘어져 간다.
골격이 변해 간다.

아침마다 손가락 사이에 달라붙은 많은 머리카락을 본다.

화창한 오늘 아침

오랜만에 그를 보았다.

예전처럼 웃지도 가까이 다가서지도 않고 저만치 서 있다.

삶이라 지칭하는 이

생명이라 지칭하는 이

나이면서도 나와 별개로 존재하였던 이.

언제인가 헤어져야 할 관계임을 알고는 있었지만

서서히 그날이 다가서고 있다는 그 인지의 느낌이 낯설다.

그리고 새롭다.

어제와는 다른,

삶에 대한 새로운 인식이 살아나고 있다.

여러 것들이 예전처럼 가볍지가 않다.

살아 있다는 그 자체가 의미를 갖는다.

어제는 걸어서 집에 돌아오는 길에 몸을 건들거렸다.

걷는 게 좋았고 사람들이 좋았다.

지하철에서, 반듯이 서 있는 게 쉽진 않지만

부대끼며 나에게 와닿는 느낌들이 좋았다.

사람들의 표정들은 무뚝뚝하였지만 그래도 내 마음은 달랐다.

손이라도 잡아 보고 또 등이라도 두드리며

잘 될 거라고 힘내라고 말해 주고 싶었다.
보도 위를 걸을 때에는 무릎 관절로 상체가 건들거렸지만
그 또한 나쁘지 않았다.
발걸음을 바꾸어 몸을 비틀어 보기도 하였다.
비가 와 살짝 물이 고인 곳을 일부로 디뎌 보기도 하였다.
밤이 찾아와, 어둠이 깔리는 것도 멋있었고
저 알 수 없는 하늘에 별이 뜨는 것도 신기하였다.
늘 보아 왔고 별다른 감흥이 없었던 대상들이 다른 모습으로 다가선다.
그래 문득
난 진실로, 그를 오랫동안 사랑해 왔던 건 아닐까? 하고
자신에게 묻는 것이다.
그래서 그 사랑이 결국 순간일 수밖에 없음을 알기에
그리 오랫동안 무시하고 하찮게 대하였던 건 아닐까? 하고 말이다.

아! 사실이 그렇다.
밤이면 불면으로 시달리고
이런저런 일들로 병원을 찾는 일들이 많아진다.
자꾸 잊어버리고 멍한 모습인 채로의 자신을 보곤 한다.
그래서일까?
내게 남겨진 시간이 얼마 남지 않았음을 알게 되어서일까?
살아 있다는 게 새삼 놀랍다.
죽음과 가까이 다가설수록 난 더 차분하게 세상을 본다.

기쁨과 아름다움을 본다.
때론 자연 속으로 들어가
내가 그들과 하나가 되어 가는 기분이 들 때도 있다.
난 경계가 모호한 그런 풍경 속으로 걸어가며 노래하는 것이다.

이건 슬픔이나 아픔이 아니다.
살아 있다는 사실에,
내가 존재한다는 사실에,
고개를 흔들며, 경이로워하며, 감사해하는 것이다.

하루 5

하루
오늘.

그는 어느 곳에서 날 찾아오는가?
그리고 어느 곳으로 떠나는 걸까?

그에게는 유용한 많은 것들이 있다.
그들을 매개로 날 유혹하고 희롱한다.
그렇게도 오랫동안 겪어 온 매일이지만 난 늘 그가 만들어 놓은 수렁에서 허우적거린다.

밤과 낮으로 치장한 그이
노여움과 질투를 양념처럼 흩뿌리며 날 이리저리 끌고 간다.
가끔은 시린 차가움으로 날 냉정하게 만들기도 하지만, 무더위와 감기와 비만으로 날 지치게 한다.
그들은 줄줄이 이어진 노끈처럼 끊임없이 나타나지만 그가 그놈인지 알 길이 없다.
어제 온 녀석이 오늘 또 온 겐가?
저렇게나 멀리 떨어져 이제 기억에도 남아 있지 않은, 10살도 되지 않

앉던 때,

개울가 맑은 물, 모래사장을 기어 다니며 종달새 알을 찾아 헤매었던 그 하루가 다시 되돌아 온 건 아닌가?

그런 날이라면

그때의 그라면,

어쩌면 날 안달하게 하는 아련한 내음을 풍겨 줄지도 모른다.

그리되면 난 또 정신없이 쿵쿵거리며 그 하루에 취하여 어찌 시간이 가는지도 모를 터이다.

지난밤에는 꿈을 꾸었다.

누구는 잠을 자며 쉬임 없이 꿈을 꾼다지만 기억에 남는 건 드문드문하다.

그렇지만 선명하게 기억에 남는 그런 꿈이었다.

꿩이었다.

그 까투리 녀석이 온갖 색깔로 치장하고서 어쩌다 비닐하우스로 들어온 것이다.

난 이게 웬 떡이냐며 사방 문을 소리 없이 걸어 잠그고는 그놈을 쫓아 다녔는데 그놈은 왜 그리 걸음이 빠른지

난 흥분하였고 사방으로 날뛰었다.

숨이 턱 끝까지 차올라 끝내는 잠이 깨었다.

일어나 아쉬움으로 끙끙거렸다.

좀 시간이 지나서야 난 아직도 이런 꿈을 꾸는구나 하였다.

헌데 생각해 보니, 그날이 내게 준 선물이 아닌가 싶기도 하다.
그런 동심은 이제 내게 남아 있지 않으니 말이다.
그래서 그가, 아주 오래전 순진하였던 내게 호감을 품었던 어떤 하루가 지난밤에 날 찾아온 게 아닌가 싶다.

그런 그는 어데서 오는 걸까?
이 하루는 어느 곳으로 사라지는 걸까?
침묵의 세계 속으로, 아님 어둠 속으로, 아님 햇살 속으로 그렇게 아지랑이처럼 흩어져 가는 겐가?
오지 마라 하여도 내 앞에 버티고 서 있는 그.
가지 마라 속절없이 외쳐 보아도 바람처럼 날 버리고 가는 그.
이 하루가 때론 싫고 가끔은 좋다.
간혹 친근하기도 하다.
그와 난 어데서부터 얽힌 실타래일까?
우린 연인은 아니다.
친구도 아니다.
동행하는 이, 그럴까?
아니다.
그와 난 차원이 다른 세상에 존재하는 대상이다.
또 다른 세상의 이 하루와 이 세상의 내가 이렇게 함께한다는 게 새삼 놀랍다.

하루

오늘

하루라. 그런 게 존재하기나 하는 걸까?

내 존재가 허깨비인 것만큼이나 그의 존재도 괴상쩍다.

역사란

역사에 올바름이나 정의는 없다.
있다면 인간이라는 종의 특성이 늘 활개를 치고 다니는 모습을 반복해 보게 될 뿐이다.
지나온 날들은 오랜 세월 힘이 우위에 있었다.
남자가 여자보다 많은 권리를 누리는 것처럼 말이다.
앞으로도 일면 그러하지 않을까 싶다.
세상일들은 나름 그럴듯하게 포장돼 있지만 가만히 들여다보면 곳곳이 턱도 없이 부조리하다.

그 부조리함을 이해할 수 없는 대상으로 만드는 것은 거짓으로 쌓아 올린 문화와 문명, 도덕, 교육에 대한 신뢰 탓이다.

내 마음속, 이 삶을 지키는 등불 하나 있으니 그것은 내 양심이며 도덕이다.
위대한 철학자 칸트가 늘 마음속에 품고 다녔다는 그의 지침이다.
가볍게 살아온 내가 평생 진지하게 최선을 다하여 살아온 그를 쉬이 재단하는 건 불편한 일이다.
그의 사상은 깊고 그의 정신과 영혼은 다가서기 힘든 심오함을 갖고 있었을 터이다.
시간과 공간은 절대적이며 인간의 의식을 초월하는 것이라 주장했던 그이다.
그러한 그의 자세, 인류에 대한 마음가짐이, 순수함과 열정, 사랑으로 최선을 다해 살아왔던 이 땅의 선인들의 노력이
오늘날 우리들을 이곳까지 이끌었을 터이다.

그렇다고 하여도,
그와 같은 실체가 없는 정신, 사상, 의식의 세계, 이미지로 존재하는 형태들이란 우리에게만, 지금의 현실 문화 속에서만 의미가 있다고 난 보는 것이다.
그러한 의식들은 우리 인류를 최종적인, 의미 있는 존재자로 인식한다. 그래서 부당하거나 참혹하거나 정의롭지 못한 일들을 있을 수 없는 일이라 받아들이지 못하는 것이다.

그러나,
접근하는 방식을 바꾸면 이 땅에 부조리함은 없다.
그 부조리함 자체가 이성의 어긋남, 믿음과 실체 사이의 괴리에서 오기 때문이다.
우리를 다만 짐승의 한 종으로, 수많은 생명체 중 운이 좋아 잘 진화한 무리로 본다면,
문화네 문명이네 도덕이네 하는 것들을, 진실이나 이상적인 가치로서가 아닌, 완벽한 대상이 아닌, 그 실체를 삶의 편리를 위한 방편으로 받아들인다면, 그렇게 부조리하게 보여지는 대상들도 없어질 터이다.

우린 오랜 세월 변하여 왔고 또 변해 갈 것이다.
금세 우리는 100년씩 살 터이고 또 200년이 되고 그러다가 좀처럼 죽지도 않는 생명체가 될 터이다.
그 이후에는 어찌 될까?
머리를 염색하듯 신체를 바꾸고 기능을 개조하고 그러지 않을까 싶다.
장담하건데, 머지않은 날에 옳고 그름이나 정의, 도덕 이러한 가치 개념들은 사라질 것이다.
아마 사람이 갖고 있는 수많은 감정이나 태생적으로 갖게 되는 선험적인 본능의 한 조각으로 남을 것이다.
그때가 되어도 여전이 가치 있는 일로 남아 있는 건 무엇이 있을까?
아마도 역사 속 여느 때처럼 힘이 아닐까 싶다.

그날이 되면,
무척이나 삭막한 사회가 되겠지만, 그것 또한 내 위주, 지금 위주 인간성에 가치를 두고 바라볼 때의 얘기이다.
그때는 그 나름의 세상이, 삶이 있을 터이다.
100년이나 200년 혹은 1천 년 후,
우리네 종은 어느 곳까지 영역을 넓히고 얼마나 변하여 갈까?
수만 년, 수십만 년 진화하여 온 우리가 아닌가?
앞으로 걸어 나아갈 우리네 족적이, 가치의 변형이 두렵고도 한편으론 기대가 된다.

한니발, 그의 병사들에 대한 단상

한니발은 기원전 247년부터 기원전 183년까지 살다 간 인물이다.
기원전, 역사적인 기록이 시작되기 247년 전에 태어났으니, 그 당시의 역사적 사실들은 입에서 입으로 전해져 내려온 부분들이 적지 않았을 터이다.
그러한 이유들로 그에 대한 지금의 기록들이 얼마만큼 진실인지를 아는 일은 간단치 않다.
역사적 기록이라는 게 후대에 힘을 갖은 이들이 자신을 위주로 기록하는 성향이 있어 기록물이라 할지라도 다 믿을 건 못 되지만
쓰여진 문서마저 없다면 그 정도는 더할 것이다.

그는 1차 포에니 전쟁의 카르타고 사령관이었던 하밀카르 바르카의 아들로 태어났다.
여러 명의 누이와 2명의 형제가 있었는데 카르타고 집정관을 지낸 공정한 하스드루발과 누미디아의 왕자인 나라바스가 매형이었다.
그러니 그의 핏줄을 얘기한다면 정통 명문가라 해야 할 것이다.

한니발은 로마 공화정과 카르타고 제국, 시라쿠사, 셀레우코스 제국 등 이름도 알 수 없는 나라들이 얽히고설킨 지중해 패권 투쟁이
최고조로 달한 시대를 살다 갔다.

그는 9살 때 카르타고의 신 타니트에게 로마를 멸망시키겠다고 맹세했다 한다.
젊은 시절 매형의 뒤를 이어 에스파냐 총독이 되었으며,
기원전 218년 고작 28살의 젊은 장군은 10만 명의 군대를 이끌고 에스파냐를 출발, 피레네와 알프스산맥을 넘었다.
그러나 온전하게 산을 넘은 군사는 보병 2만, 기병 6천으로 줄어 있었다.

부하들의 수많은 죽음을 보고 그 또한 어렵게 알프스를 넘었을 것이다.
한겨울에 수많은 사람들이 알프스산맥을 넘는다는 것은 일찍이 그 선례가 없었다.
건강한 군인들의 70%가 죽었다는 것은 그 미션의 난이도를 짐작하기도 힘들게 한다.
그는 그 일을 계획하였고 실행하였다.
그때, 그 당시 한니발의 정서를 가늠하는 것은 쉽지 않다.
시대에 따른 문명이나 문화의 흐름은 사람들의 정신세계에 그 당시만의 독특한 색깔을 덧씌운다.
다만 짐작컨대,
어느 한쪽으로 치우침은 있었겠지만 복잡하지 않았을까 짐작해 본다.
어찌 오랫동안 함께한 동료와 부하들의 죽음에 덤덤할 것이며 이미 수많은 전쟁과 국가 간의 이권, 힘의 논리를 경험하고
그 틈바구니에서 성장한, 불굴의 의지와 지혜를 가진 젊은이가 좌절만을 했을 것인가 하는 것이다.

헌데, 그는 왜 힘든 알프스를 넘었을까?

당시 카르타고의 영토였던 시칠리아를 기준으로 보면, 바닷길로는 로마가 불과 100여 km 떨어져 있었다.

더구나 카르타고는 해군이 주축이었다.

그런 그들이 바닷길을 놓아두고 그 험난한 여정을 택한 이유가 뭘까?

역사학자들은 그 이유 중 하나를 기후 때문이라 얘기한다.

카르타고는, 지금의 지명으로는 아프리카 튀니지가 본거지이다. 튀니지, 알제리, 모로코, 스페인 언저리가

카르타고의 지배력이 미치는 지역이었을 터이다.

사학자들이 말하는 그 기후를 지칭함은,

기원전 500년 무렵, 당시까지 무적의 해양 족이었던 페니키아를 쇠퇴시킨 한랭기를 말한다.

지속적인 한랭기의 기후는 나무의 성장과 단단함에 치명적인 결과를 가져온다.

결과적으로 배를 만들 목재 구하기가 힘들어져, 그 시기의 해양 족들이 대체로 쇠퇴하게 된다.

튀니지는 지구상에서 가장 먼저 인간의 정주가 일어난 비옥한 땅 중 하나였다.

하지만 기온이 조금만 내려가도 식생들이 급속도로 타격을 입게 된다.

지금의 튀니지, 그 카르타고는 높은 아틀라스산맥이 서쪽으로 있다.

이 산지의 목재를 이용해 배를 만들었고, 지중해 전역으로 활동하기 좋

은 위지를 점하고 있었던 것이다.
그런 지리적 이점을, 풍부한 수량과 목재를 제공한 아틀라스산맥이 반대로 대서양 쪽에서 불어오는 습기를 머금은 바람을 막아 버리기도 한다. 또한 그 밑으로는 엄청난 사하라 사막이 자리 잡아 메마른 대지의 기운이 전혀 다른 영향을 끼쳤을 것이다.
이러한 주거지는 한랭기가 되어 기온이 조금만 내려가도 식물들에게 커다란 타격이 되는 것이다.
한랭 기후로 인해 배를 만들 목재가 부족하여 해군력이 약해짐을 알프스를 넘게 된 이유로 일부 역사학자는 설명한다.
개인적으로는 다소 미흡한 이유가 아닌가 싶다.

역사서를 보면 그 당시는 아주 복잡하게 얽힌 힘의 구도가 있었다.
카르타고는 군부대 구성 자체가 혼합군이었으며 다양한 구조를 갖고 있었다.
카르타고 본국의 모집병이 있었고 직업 군인이 있었으며, 리비아인, 이베리아인, 캄파니아인, 누미디아인, 갈리아인들까지 함께하였다.
이들은 종족에 따라 특화된 경우들도 있었는데 갈리아인들은 기병, 누미디아인들은 척후 전력에 특화되어 있었다. 그러니까 적국에 스며들어 정보를 수집하거나 전투에 앞서 적들의 동태를 살피는 일에 누미디아인들은 특별한 재능과 지식이 있었다는 것이다.
그들의 관계는 동맹국일 수도 있고 속국일수도 있었으며 거기에 적지 않은 용병들이 있었다.

금전으로 맺어진 관계로 인하여
1차 포에니 전쟁이 끝나고 용병들의 급료가 1년 넘게 지급되지 않아 용병 전쟁이 일어나기도 하였다.
사료에 의하면 이 전쟁은 특히 잔인하게 진행되어 용병들과 반란군을 모두 몰살시키며 3년 후에 끝이 났다.

기원전 249년 드레파나 해전 이후 카르타고의 지도층은 로마와의 지속적인 전쟁보다는 아프리카에서 영토를 확장하는 걸 좋아하였다.
그들은 시칠리아 해군과 육군을 유지하는 것과 더불어 누미디아인과 리비아인들과도 싸워야 했다.
아마 카르타고와 로마로 지칭되는 그 당시의 세력 구도는 일반적인 인식보다는 훨씬 복잡했을 것이다.
수많은 도시 국가들과 부족들, 전쟁으로 인한 노예들 힘을 가진 상인들이 뒤엉켜 딱히 그 당시의 역사적 구도를 이해하는 일이 간단치 않은 것이다.
이런저런 이유들로 카르타고 함대들은 힘을 잃어 갔고 기원전 242년경에는 카르타고에 이렇다 할 함선이 없게 되었다는 기록도 있다.

또 다른 이유 중 하나는,
마르세유 일대는 이미 로마화가 충실히 이행되어 로마군은 충분한 보급을 받을 수 있고 그 지역의 갈리아군은 로마군에 우호적이었다는 사실이다.

한니발이 북이탈리아에서 싸우고 싶어 한 이유 중 하나는 북이탈리아의 갈리아족은 로마군의 식민지화에 거세게 저항하고 있는 중이어서 강력한 동맹 세력이 될 수 있다는 것이다.

그렇게 복합적인 이유들로 알프스를 넘은 한니발은 그를 추적해 온 집정관 스키피오를 티키누스 전투에서 이긴다.
그리고 또 다른 집정관인 셈프로니우스의 군대를 트레비아 강가에서 대파한다.
이로써 한니발은 이탈리아 북부에서 로마 세력을 완전히 몰아낸다.
다음 해 기원전 217년에 한니발은 싸움터를 이탈리아 중부로 옮긴다.
그곳에는 새로 선출된 집정관인 제미누스와 플라미니우스가 봉쇄하고 있었는데 한니발은 그들의 허를 찌르기 위해 그들 가운데 있는 늪지대를 통과한다. 이 늪지대는 수백 km에 걸쳐 무릎까지 차는 물이 고여 있었고 따라서 막사를 지어 병사들이 숙영하는 것은 불가능하였다. 그래서 한니발은 이 늪지대를 3일 밤낮 쉬지 않고 행군을 하였고, 이런 혹사로 인해 많은 병사를 잃고 본인 또한 눈병에 걸려 한쪽 눈을 잃는다.

그리고 트라시메노호 전투에서 2만 7천 명의 로마 군인과 집정관 플라미니우스를 학살한다.
수많은 부하를 잃고, 자신의 한쪽 눈까지 실명하고서도 그는 전쟁의 신처럼 그렇게 쉼 없이 승리를 이어간 것이다.
그의 전생사는 신화적이다.

코끼리를 데리고 알프스를 넘어 실제 전투에 사용하였으며, 로마군을 기겁하게 만들었던 한니발이다.

칸나에 전투에서는 그 유명한 초승달 전법으로 7만 명을 죽이고 6천 명을 잃고서 1만 명을 포로로 잡는 대승을 거둔다.

2만 7천 명을 죽인다는 것은 뭘 의미하는 걸까?
7만 명을 학살한다는 것은?
총도, 대포도 아닌, 그저 칼과 화살, 창, 돌, 아님 맨몸으로 부딪쳐서 말이다.
그의 일상은 얼마나 죽음과 가까이 있었을까?
그 치열한 시간들을 어찌 보지 않고 알겠는가?

하지만 로마 공화정은 전쟁 의지가 강하였다.
한니발을 두려워하였지만 전쟁에 쓸 수 있는 인적 자원도 풍부한 상태였다.
그들은 한니발을 피하면서 카르타고 본국을 공격하였다.
칸나에 전투 이후 스페인에서 로마의 스키피오 형제는 사라고사에서 하스드루발을 대패시킨다.
사르데냐 섬의 반란을 돕기 위해 침공한 2만여 카르타고군이 주둔 중인 로마군에 전멸당하였으며 한니발이 직접 이끄는 병력과 비슷한 규모의 병력을 이끄는 한노는 한니발과 합류하기 위해 북상하던 중 베네벤토에서 그라쿠스군을 만나 궤멸당하고 만다.

이 전쟁은 한니발이 로마에서 발을 빼고 돌아오는 과정에 일어난 일이 아닌가 싶다.
카르타고는 한니발과 같은 뛰어난 장군이 없었던 것이다.
이후 아프리카 모국이 31세에 불과한 젊은 총사령관 스피키오에게 공격당하자 이듬해인 기원 203년 본국으로 돌아오게 된다.
역사의 시계추는 이즈음에서 기울기 시작하지 않았나 싶다.

그는 역사에 가장 위대한 전략가 중 한 사람으로 평가받는다.
역사학자들은 고대 최고의 장군들 중 한 사람으로 그를 꼽는다.

한니발에 대한 일반적인 기록이 이러하다.
외적인, 역사적인 흐름이 그러하였다면 내적인 그들의 모습은 어떠했을까?
한니발과 그를 따르던 동료와 부하들, 병사들, 금전적인 이유로 전쟁에 참가한 용병들까지
수십 년 죽음의 문턱을 넘나들며 그와 함께하였던 이들은 무슨 생각과 감정으로 살았던 걸까?
그들이 지향하였던 가치는 무엇이었을까?
상대를 죽이고 살아남고 두려움과 열망과 욕망이 적나라하게 뒤엉킨 그들의 마음속에 자리 잡은 정서는 어떤 모양이었을까?
쉬이 짐작되지 않는다.
다만 지금보다는 아주 단순했을 터이다.

그들의 육체적인 힘은 무척이나 파괴적이었을 것이며 감정의 마디마디는 통나무처럼 굵고 강열하였을 게다.
그 당시는 그닥 죽음을 두려워하지 않았다고도 한다.
지금처럼 오만가지 일들이 있는 게 아니고 그저 죽이거나 죽거나, 이기거나 지는 거, 빼앗거나 빼앗기는 것이
핵심이었을 터이니 그럴 것 같기도 하다.

모래면, 내일이면, 오늘 정오쯤이면 난 로마 대군과 칸나에에서 부딪칠 것이다.
잠자리에서 살게 해 달라 기도했을까?
고향에 남겨 둔 누군가를, 처자식을 떠올렸을까?
혹은 승리 후에 갖게 될 전리품과 쾌락을 먼저 더듬거려 보았을까?
컨디션을 끌어올리고 사기를 북돋으며 동료들과 죽음의 행진을 할 때, 그들의 심장은 북처럼 둥둥거렸을 것이다.
칼을 들어 적을 내리치고 죽은 시신들을 밟고 한 걸음, 한 걸음 앞으로 나아갈 때 그들의 육체는 짐승처럼 본능에 충실했을 것이다.

그리고 살아남은 그날 밤은, 그 다음 날은 어떠했을까?
피와 죽음, 그 대가로 술과 고기와 여자와 금화를 챙겨 가며 살아가는 그 시간 속에 명예와 의지, 긍지와 가치는, 도덕은, 어느 구석에 어떤 모양으로 자리 잡고 있었을까?
그런 가치라는 게 있기나 했을까?

물론 여러 가치들이 있었을 것이다.
순수한 조국에 대한 사랑도 있을 것이고 욕망도 있었을 것이다.
그렇게 많은 사람들이 그렇게 숨 막히는 순간들을 함께하였으니 어떤 가치인들 없었겠는가?
영혼, 전우애, 용기와 누군가를 위한 희생, 절망, 음모, 속됨까지 별의별 것들이 함께했을 것이다.
거기에는 여러 비극적인 현실 또한 함께했을 것이다.
그들의 힘 앞에 짐승보다도 못하게 당하는 농부도 있었을 터이고 모든 걸 빼앗긴 상인도, 그 어떤 처자도 있었을 것이다.
노예가 되고 그들의 병사가 되어 소모품으로 사용된 이들도 적지 않았을 것이다.

그들은 그런 날들을, 그런 시간들을 수없이 보내었을 것이다.
그런 그들의 마음속, 또렷이 웅크리고 있던 건 뭐가 있었을까?
고향?
혹여 전장을, 사람들의 피를 갈구하지는 않았을까?
왜?
긴장과 고통, 걱정의 순간들, 피와 흥분이 회오리처럼 함께한 전투 이후의 휴식과 유희의 시간들이 마약처럼 그들의 감각 속 기억으로 자리 잡게 된다면 그 또한 가능할 터이다.

한니발의 아내, 시밀케와 그의 아들, 에스파냐에서 총독으로 근무하던 동생 하스루발과 또 다른 동생 마고는 로마와의 전쟁 중에 죽었다. 본인, 한니발 또한 포로가 되지 않기 위해 항상 몸에 지니고 다니던 독을 마셔 자살하였다.
그때 그의 나이 64, 66세였다.
그리고 어느 이름 없는 언덕에서 야산에서 수많은 병사들이 죽었을 것이다.
그들에게는 이름도 기록도 남아 있지 않다.

그렇게 살았던 그네들이 이 땅을 떠난 지도 2천 200여 년이 지났다.
이제 그날들은 시간 속에 묻혀 흔적도 없지만 난 그들을 그려 본다.
망각의 강에서 그들을 소환하여 내 성향대로 재단하는 것이다.

한니발 그리고 그의 동료들과 병사들.
전투를 앞둔 전날 밤 횃불이 타오르는 어느 막사에서 머리를 맞대고서 생각과 마음을 주고받았을 그들이 나타난다.
걸음걸이와 눈빛과 손가락 마디마디의 움직임이 보인다.
머리카락을 움켜잡고 번민하며 꿈틀거리는 근육을 드러내고서 파괴적인 욕망을 전달한다.
신의와 용맹함을, 지혜를 가득 담고서 말이다.
그때 그네들이 가졌을,
그 표정과 감정들이 가느다란 한 가닥 실이 되어 내 마음속으로 들어온다.

그가, 이미 청춘의 한때가 지난 한니발이 갑자기 돌아서 날 바라본다.

난 그의 병사처럼, 그의 친구처럼 손을 들어 보이며 애매한 미소를 지어 보인다.

왜코벌

어린 날이었다. 아니 16, 17살이면 딱히 어린 날도 아니다. 이제 와 돌이켜 보면 정신세계의 깊이와 확장은 그 나이에 대략 끝나는 것 같다. 그때 고민하고 인지하고 사고하였던 것들은 내내 우리네 삶을 지배하는 것이다. 그 이후의 날들이란 그저 좀 더 노련해지고 이상과 현실을 직시하고 이 땅에서 살아가는 좀 더 편한 방법들을 습득하는 정도일까? 물론 수학이나 과학과 같은 학문은 다를 터이다. 예술도 그럴 터이다. 애매한 부분들이 있지만.

책장에서 왜코벌을 만난 건 그때였다. 이후로 평생 난 이 왜코벌을 떨구어 내지 못하였다.

《파브르 곤충기》
파브르는 왜코벌이 가진 여러 재능을 관찰하였다. 그 작은 몸으로 수 km나 떨어진 곳을 날아가 일을 보고 정확하게 돌아오는 능력. 어느 일정 부위에 침을 놓아 먹이를 마취시켜 새끼들이 잘 먹고 자라도록 최적의 선택을 하는 힘. 우리가 추측하기도 힘든 여러 능력들을 파브르는 관찰을 통해 알아낸다. 그러던 중 관찰자가 무슨 심정이었는지 해가 쨍쨍 내리쬐는 무더운 날, 왜코벌의 애벌레가 자라고 있는 집 지붕을 뜯어내 버린다.

햇빛에 새끼들이 죽어 가는데 돌아온 어미는 바뀐 환경에 적응을 못하고 원래의 입구만을 찾아 헤맨다. 어쩌다 발에 제 새끼가 걸려도 아무런 관심도 보이지 않는다. 그가 가진 의식의 사슬이 끊어져 더 나아가지 못한 탓일까? 결국 왜코벌의 새끼는 죽어 버린다는 내용이다.

계절은 딱히 기억나지 않는다. 별이 총총히 떠 있었다. 봄이나 가을이 아니었을까?
학교 도서관에서 읽었으니 한여름이나 겨울은 아니었을 터이다. 한밤 학교에서 내려오는 내리막길을 터벅터벅 걸어 내려오며, 하늘에 별을 보고 긴 한숨을 쉬었다. 내가 너무나 왜코벌 같아서. 내게 주어진 본능의 굴레를 결코 벗어날 수 없을 거 같아서 말이다.

변태와 도덕 짐승에 관하여

변태라는 의미를 여러 가지로 사용하지만 정상적이지 않은 언행을 변태라고 지칭하기도 한다. 사이코는 비정상적인 행동을 하는 사람을 속되게 이르는 말이다. 정신병은 정신적인 장애로, 말이나 행동을 정상적으로 하지 못하는 병적인 상태를 지칭한다. 사이코는 정신병이라고도 하는데 두 용어는 나름 유사하면서도 어감에서는 얼마간의 차이가 있다.

얼마 전에 아제르바이잔이라는 국가에서 양 치는 젊은이가 양과 성교를 하다가 발각되어 범죄자가 되었다는 기사가 신문에 활자화된 적이 있다. 변태라고도 하고, 주위 사람들이 웃으며 이건 인간이 아니라 짐승이라고도 했다.

변태, 짐승.

난 이런저런 생각을 하였다. 난 변태가 아닌가? 과연 변태가 아니라고 말할 수 있는가?
사람들과 어울려 살아가는 사회에서 까발리면 너무 수치스럽다거나 잔인한 심성 혹은 어떤 부분들이 있어서이다. 다만 계속적인 교육과 절제가 본성을 억누르고 자릴 잡아 가면서, 위장과 위선으로 적당히 가장하고 그것이 습관이 되면서 좀처럼 드러나지 않을 뿐이다.

난 짐승이 아닌가? 단언컨대 짐승이라고 말할 수밖에 없다. 사람이라는 게 짐승이라는 종 중에 좀 튀는 한 종일 뿐이라는 게 내 상식이기 때문이다. 그런데 여기에 종의 특성이 좀 변질되어, 아님 진화되어 형성된 게 우리 문화가 아닐까 싶다. 그 문화 속에서, 타인에게 피해를 주지 않는 양치기의 행동이 범죄가 된다는 게 좀 이기적이지 않나 싶다. 사람들에게는 아니지만 사회에 피해를 주어서 그런 류의 변태를 용납하지 못하는 걸까?

사회와 국가는 그들만의 규범을 만든다. 모든 생명 집단이 그렇다.
규율과 원칙이 있을 때, 그 무리는 힘을 갖게 되고 그 무리의 대다수는 좀 더 편안해진다. 지배계층이나 상류층은 더욱 그러하다. 왕족이 그렇고 귀족이 그렇고 가진 이들이 그렇다. 시대에 따라 그 형태가 변하긴 하지만 그 구조는 별반 차이가 없다. 그런 이유로 공통분모는 선이 되고, 어쩌다 하나씩 튀는 특성들은 외면받거나 범죄의 테두리 안에 집어넣어진다. 옳고 그름, 선과 악도 비슷한 유형의 문화적 산물이다. 그들은 우리가 아는 것처럼 지고지순한 가치가 있는 게 아니고 편리와 다수의 이익을 위해 의미와 가치로 잘 포장된 방편, 문화라는 이야기이다.

난 개인적으로 그 양 치는 젊은이가 나름 문화의 희생자가 아닌가 싶다. 그가 사람들에게 피해를 주었는가? 그 정도의 행위를 할 정도면 성적인 욕구 또한 짐승이라 지칭해도 과하지 않을 만큼 강렬하지는 않았을까? 적지 않은 이들이 원하는 그 강한 욕망을 소유했다고 해서, 좀 다르게 분출했다고 해서 그를 단죄하는 게 올바른 일일까 싶다.
혹 양들이 그에게 체벌을 가한다면 모를까?
양에게는 그럴 권리가 있다.
우리 문화의 척도로 본다면 말이다.

알 수 없는 세상에 대한 상념

멀지도 않은 예전,
어머니들은 장독에 겨울을 지낼 곡식만 차 있어도 마음이 편안하였다 한다.
그렇지만 이제는 곡식이 가득한 장독이 100개가 있어도 딱히 걱정이 없어지거나 하지 않을 터이다.
무엇이 그런 심경의 변화를 가져 오는 걸까?
그리 길지 않은 시간이 흘렀을 뿐이다.
무엇이 사람을 그렇게 변하게 하는 걸까?

먹고 자고, 몸에 걸치는 옷가지들은 우리 삶의 바탕이라 할 만하다.
이들이 충족되지 않으면 그 다음의 가치들로 넘어가지 못할 것이다.
비교 불가라고 할까?
잠잘 곳이 없다면, 굶주린다면 그 다음 세상사와 소유물은 비교 대상이 되지 못할 정도로 가벼운 존재가 되는 것이다.

그랬던 것들이,
비교 대상 자체도 되지 못하는 것들이,
의식주가 해결된 이후로 우리 일상을 지배한다.
자전거와 오토바이, 자동차와 비행기,

지위와 명예, 학벌과 재산.
한때 존재하지도 않았던 것들이 주요한 존재가 되고 인류 문화 흐름의 중심축으로 자리한다.
오랜 세월 있지도 않았고 아무런 관심거리도 되지 못하였던 일들이 우리 앞에 나타나 우리 삶을 움켜잡고 놓아주질 않는다.
시대가 변한 탓일까?
변하지 않는 진실이나 가치는 없기 때문일까?

그럴 것이다.
필요가 진실을 만들고 가치를 창출하면서 세상은 쉬임 없이 변해 가는 것이다.
진실이 변하고 소중한 대상들이 상황에 따라 달라지는 건 어찌할 수 없는 일이다.
시간 속에서 오늘날의 이 가치들 또한 변해 갈 터이다.

그리고 인류 역사는 허허로이 가치라는 특이한 허상을 만들어 놓았다.
그렇지만 그건 사람들, 집단이 살아가는 데 필요한 삶의 도구 중 하나이다. 그 이상의 의미를 두는 건 어리석은 일이다.
좀 더 나은 집, 좀 더 나은 집 하며 노력하고, 자신의 부를 키워 나가지만 다람쥐 쳇바퀴 돌 듯 올라서면 다시 그 자리인 것처럼 그 가치에는 실체가 없다.
그런 것들은 비교 속에서만 의미를 갖는 모래성과 같다.

그렇다고 추구하는 이상이나 목적 없이 살아가는 일도 난감한 일이다.
뭔가 소중한 대상을 만들고 목표를 갖지 않는다면 우린 허둥거릴 터이고 질서와 규범들은 무너질 것이다.
우리는 늘 무언가를 원한다.
그리고 그러한 불편한 진실을 직시하든 못하든
결국은 그런 유의 일들에 인생을 걸고야 마는 것이다.
더 많이 배우고 더 높은 지위를 원하고 더 많은 부를 소유하고자 하는 일들 말이다.

그래서,
회의론자나 비관론자가 되어 그저 부질없는 일이라고, 그렇게 사는 일이 다 어리석다고 말할 수 있을까?
그럴 수 있을까?
그건 잘못 사는 것이라고 말할 수 있을까?
그건 그렇게 간단치 않다.
그건 우리의 일이고 내 일이다.
모두는 그 굴레에서 벗어날 수 없어서이다.
달리 이유가 있는 건 아니다.
본능이, 끝없는 욕망의 덩어리가 지향하는 바가 만족이고 행복이어서, 그것들을 가장 쉬이 주는 대상들이 그러한 것들이어서이다.

그러한 것들은 어데서 시작하였을까?

언제 나타났을까?

그 대상들 말이다.

시대에 따라 변하여 왔지만 참으로 많은 것들이 생겨났다.

그건 우리의 이전 세대들이 떠도는 생활을 그만두고 농사를 지으며 주거와 먹는 일이 해결되면서부터일 게다.

여유로운 시간이 많아지면서 우리들은 조금씩 복잡해지지 않았나 싶다.

필요에 의하여, 남는 시간을 주체치 못하여 우리 조상들은 여러 것들을 만들어 내기 시작하였다.

그릇과 언어를 만들고, 무리를 이루며 규범을 만들었다.

가족도 생겨나고 네 것, 내 것도 구별이 이루어졌을 게다.

도덕도 만들고 숫자도 만들고 말이다.

그래 역사의 수레바퀴가 굴러가며 새로운 것들이 끊임없이 만들어지고 거기에 이름을 붙이고 정의를 내렸다.

사람 사이의 관계도 복잡해졌을 게다.

귀족과 평민과 노예처럼 장수와 병사처럼, 가진 자와 갖지 못한 이들처럼.

그뿐이겠는가?

음악도 만들고 그림도 만들어 낸다.

복잡한 수학도 만들어 내고 빌딩도 지어 내고 총과 같은 살상 무기를 만들기도 한다.

수많은 직업과 종교, 철학과 과학까지도 만들었다.

국가를 만들어 경계를 긋고 서로서로 합의한 사항들을 법으로 만들었다.

이렇게 만들어진 여러 것들은 이성과 오감을 바탕으로 합리적인 사고하에 탄생하였지만, 그러한 것들의 구조를 더 끈끈하고 단단하게 고정하는 힘은 본능이다.

이제 그들은 우리 개개인의 영역을 뛰어넘어 거대하기까지 하다.
한때는 누구나가 세상을 알고 이해할 수 있는 구조며 지식들이 전부였다.
그렇지만 이제는 그 누구도 이 세상이 어찌 흘러가는지 이해하기 힘들다.
형사소송법의 실질적 목적과 절차적 목적을 어찌 알겠는가?
비행기가 어떻게 만들어지고 우주에서 어떤 연구가 이루어지는지, 줄기세포며 인공지능이 어떤 과정과 이유로 빠르게 발전하는지 어찌 알겠는가?
행복이 외부 관계, 친구나 사랑, 성취 탓이 아니라 뉴런, 세로토닌, 옥시토신 같은 여러 생화학 물질에 의해 결정된다는 걸 누가 알겠는가?
오래전에는 빛과 물질이 한데 뒤엉킨 어떤 것이 있었을 뿐 빛은 홀로 존재할 수 없었다는 사실을 상상이나 할 수 있었을까?

우린 처음부터 아는 게 없는 미미한 존재들이었다.
언제부터인지 우리들이 만들어 놓은 것들이 전부라는, 스스로를 중심에 놓고 판단하는 오류를 범하였던 게 아닐까 싶다.
세상은 처음부터 거대하고 상상할 수 없는 존재였지만,
늘 우리들은 우리들이 인지하는 세상만이 전부여서 그리 오만해졌는지도 모르겠다.

그래서 이제 세상이 알 수 없을 만큼 복잡해졌다는 턱도 없는 생각을 하는 것이다.
아는 것이 있다면 그저 우리가 만들어 놓은 세상, 한쪽 귀퉁이를 들여다 보고 이해한다 생각하는 일이다.

그렇담 우리 개개인은 어느 곳에 서 있는 걸까?
또 어느 곳으로 가는 걸까?
그 질문들은 참으로 공허하여 메아리조차 없지만 묻지 않을 수 없다.

우리가 속한 사회, 시대는 스스로 선택할 수 있는 종류도 아니다.
왜 왔는지, 왜 가야 하는지는 알 도리가 없다.
그냥 왔다가 그냥 간다.
'그냥?'이라고.
우리 인식 자체가 오류를 기반으로 만들어진 것이어서 그런 의문에 문제가 있는 건 아닌지 모르겠다.
우리 인식 자체가 오감을 바탕으로 사람이라는 종의 생존을 위해 만들어진 방편들이어서, 그러한 것들은 자각이 아니라 실체의 연장선상에서 보아야 하는 건 아닐까?
생존을 위한 방편으로 만들어진 인식이란 의미를 갖지 못하는 도구와 같다는 얘기이다.
그저 우리만이 진지하고 소중하여 여러 의미와 가치를 부여하지만 사실은 왜코벌의 뱅뱅거리는 날갯짓처럼 공허한 사실일 수 있다는 말이다.

무얼 배워 무엇을 지향하고 무엇을 소중이 하겠는가?
여기서 소중한 가치가 저기서는 헌신짝처럼 버려지는 현실을 눈앞에서 볼 수 있다.
상반된 가치가 공존하는 세상이다.
객관성과 보편타당한 가치들은 이제 우리 사회의 근간에서 조금씩 밀려 나가고 있다.
앞으로, 앞으로 괴물처럼 질주하는 과학이 인간성과 연결된 고리가 있는가?
과학은 이제 신의 영역을 넘어서고 있다. 생명을 만들어 내고 살아 있는 시간을 늘리고 영속시키려 든다.
거기에는 감정이 아닌 실체만이 존재한다.
헌데 그러한 것들이 세력을 키우고 점차 세상을 지배하니 인간성을 바탕으로 형성된 가치들이 무너지지 않고 남아 있기가 쉽지 않다.
이제 그런 것들은 감정과 이성이 만들고 결정하는 게 아니라 상당 부분은 시장의 수급에 따른 변형으로 넘어간 상태다.
스타들이 그러하다.
실생활에선 별로 쓸모없는, 마음에 위안이 될 노래나 좀 더 빨리 달리는 육체에 대중의 관심들이 모이고 모여 그것이, 삶의 중심축으로, 가치로 자리하는 것들 또한 같은 유형이다.
어느 누구보다 더 빨리 달릴 수 있다는 사실이 다수의 가치가 되는 일은, 이성적인 판단이 수긍하기에는 불편한 진실이다.

그래서,

그러한 여러 일들이 뭘까?

뭘 의미하는 걸까?

욕망과 가치의 혼돈, 시간과 공간, 육체와 죽음과 같은 것들 말이다.

살아 있다는 것, 살아간다는 것.

이러한 생각들.

하루하루 살아가는 일은 앞서 가진 상념들과는 또한 별개이다.

내가 땀을 흘리고 잠을 자고 대변을 보는 생물학적 사실들이 생각들과 연결 고리가 있을까?

어떻다고 정의하고 어떠어떠한 사실 관계를 갖고 있다고 과학적 분석을 하며 의미를 부여하지만, 그러한 사고는 실체가 아닌 정신 속에서만 살아 있다.

그 생각들은 결코 머릿속을 빠져나올 수 없다.

좁고 둥그런 두개골 속에 들어 있는 물질이 만들어 내는 정신세계이다.

그 물질이 보고 듣고 맛보는 걸 인지하는 것이다.

계산하고 상상하여 어떤 결과물을 만들어 내는 것이다.

사고로 이해가 불가능한 대상들, 그런 영역의 무엇이랄까?

천하에 없는 진실을 깨우쳐 흥분하는 일, 그 지식과 머릿속이 가려워 손을 뗄 수 없는 일이란 비교가 불가하다.

전혀 다른 일들이지만 그러한 사실들은 내 안에서 함께 진행되는 실체들이다.

인식과 사고, 기억이 바탕을 이루는 지식의 세계, 느낌과 감정, 먹고 자고 세포가 분열하고 언젠가 죽어야만 하는 육체의 세계는 차원이 다른 것이다.

죽음이 어찌 정신세계와 뒤섞일 수 있겠는가?

그래 보이지만, 그들은 상호 불가침의 영역에 존재하지만, 어쩌면 서로 맞물려 엮여 돌아가는 것 또한 가능성이 있어 보인다.

그런 복잡한 구도 속에 나라는 존재는 어떻게 끼어들어 자리 잡았는지 그 사실 또한 경이롭다.

나라는 존재는 뭘까?

그 본질이며 실체는, 그 정체는?

이 몸이 나인가?

그건 아니다.

이 몸은 나와 별개다.

그들은 또 다른 세상이다.

세포와 머리카락, 장기들, 손톱, 허벅지의 근육 같은 것들이 나와 무슨 관련이 있겠는가?

조골세포(뼈를 만드는 세포)와 파골세포(뼈를 녹이는 세포)의 힘겨루기가 끊임없이 일어나며 외부 자극과 호르몬 분비에 따라 뼈의 두께가 두꺼워지기도 하며 얇아지기도 한다는데 그러한 일들이 나와 엮일 일이 뭐 있겠는가?

거기에는 또 다른 소우주가 있으며 각자 제 일은 스스로 알아서 하고 있지 않는가?
내가 머리카락을 늘리고 시력을 뜯어 고치고 위를 건강하게 만들 수는 없는 것이다.
그들은 나와 무관한 세상이며 생명들이다.

그렇다면 슬픔은 나인가? 번민하고 사랑하고 고통스러워하는 건 나냐고 묻는 것이다.
나의 일부인가? 아님 관련이 있는 건가?
딱히 단언하기 애매한 부분이 있다.
그들마저 나와 뭔 관계냐고 대답한다면 난 허깨비가 돼 버릴 것 같다.

여하튼 그처럼 나와 관련이 없는 육체를 기반으로 찾아오는 감정은, 나와 육체도, 죽음과 정신처럼 전혀 별개의 세상이면서 또 한편으론 엮여 있듯이 그렇게 뒤엉켜 있는 걸까?
여하튼 나라는 인식은 머릿속 뇌의 역할임은 분명하다.
그렇다면 머릿속 주먹만 한 뇌가 나인가? 그가 만들어 낸 인식의 세계 속 이미지가 나인가?

아주 고약한 사실들이다.
나라는 존재 말이다.
독립적이고 형체도 없으며 이 육체를 자유자재로 사용한다.
사용한다는 표현이 맞는지는 모르겠다.

육체를 바탕으로 정신의 생존이 가능하니 말이다.
육체는 정신의 어머니 같으니 말이다.
정신은 육체의 자양분을 먹고 자란다.
육체는 대지의 자양분을 먹고 자란다.
정신의 일부가 나이니 내 모태 또한 육체일 터이다.
육체를 만들어 내는 일이 채소며 흙이며 자연이니 그 또한 난감한 현실이다.

혹여 그런 건 아닐까?
나라는 존재가, 의식하고 인지하는 사실들이 뭐 특별하고 독립된 게 아니라 그저 다 얽혀 존재한다는 것 말이다.
저 별과 이 땅과 우주와 이 몸, 저 나무, 바위와 바람까지도 다들 하나가 아닌가 하는 죽음까지도 말이다.
의식 너머의 세계.
시간과 공간이 뒤엉켜 있는 저 너머의 세상까지 말이다.

시간은 존재하지 않는다

시간은?

그는 뭘 하는 작자일까?
주관적이지 않은 객관적인 존재로 실체가 있는 걸까?

시간은 보이지도 않고 만질 수도 없다.
물론 모양도 없다.

그런 그를 우린 곧잘 생각하곤 한다.
자꾸 바라보고 계산을 한다.
일주일이 빠르기도 하다.
1년이 또 지났어.
내가 몇 살이지? 어느새 이렇게 나이가 먹었지?
어린 날은 시간이 기어가고 젊은 날은 걸어가고 또 뛰어가고. 그래, 늘그막이 되어서는 새처럼 빠르게 날아간다고도 말한다.

그렇게 하루, 이틀 손가락을 꼽아 가며 살아가는 우리들은,
가끔 시간의 문 앞에서 그 비밀을 들여다보려고 기웃거린다.
변해 가는 자신의 육체를 느끼며 죽음을 떠올린다.

생명의 소멸을 두려워하고 때론 힘든 시간으로부터 도피하고자 한다.
이 또한 지나가리라.
힘들고 고통스런 순간에 대한 위안으로 해 보는 말이지만 피할 수 없는 진실이기도 하다.
지나가지 않을 순간이 이 땅 어느 곳에 있겠는가?
어느 고통이, 어느 행복이 영원히 지속되겠는가?
태어나 소멸하지 않는 생명을 어느 곳에서 볼 수 있는가?
이런저런 일들을 경험하고 살아가다 결국 때가 되어 죽음에 이르게 되는 게 우리들이다.

죽음의 휘장으로 둘러싸인 시간의 성에 갇힌 우리들은 저 너머를 보지 못한다.
잠시 살아 자연으로 돌아가야만 하는 생명의 유한한 시간에 대하여,
안타까워하고 애달아 하지만 아는 바는 별로 없는 것이다.

시간.
그는 거대하고 단단한 비밀의 성이다.
깜깜한 베일에 둘러싸인 그 성을 올려다보는 일은, 때론 사람을 무력하게 만든다.
이리저리 궁리를 해 보아도 좀처럼 그 본질적인 모습에 다가갈 수 없다.
그런 그는 무엇일까?
저 미래로 가는 길은 오직 한 걸음, 한 걸음 시간의 다리를 건너는 방법

뿐일까?
내 소싯적 한때와 지금의 시간은 같은 걸까?
가는 그를 붙잡아 메어 둔다면 난 죽지 않을까?

누군가는 이리 말한다.
뇌는 반복되는 일상을 새롭게 받아들이지 못한다.
그러한 이유로 노후의 시간이 더 빠르게 흘러간다는 것이다.
나이가 들수록 우리 삶이라는 게 틀이 잡히고 안정되어 변화가 드물어 간다.
삶에 대한 가치 개념이 고정되고 변화가 줄어들면서 비슷한 하루하루가 반복되는 것이다.
어린 날에는 여러 것들이 처음이다.
또 성장하며 여러 변화가 일어나 뇌가 많은 것을 받아들이지만 노년이 되어서는 그렇지 못하다.

과학적인 연구 결과는 나이가 들수록 인지하는 힘이 떨어지고 머릿속으로 받아들이는 용량이 줄어들게 된다고 한다.
젊은 날, 어릴 적에는 차를 타고 가면서도 그 순간순간의 풍경 변화가 쉬이 머릿속에 자리를 잡는다.
사소한 대화도 내부로 들어와 저장되고 기억되지만, 나이가 들어갈수록 그 기능들이 떨어져 그저 강물처럼 흘려보내기 때문에
하루하루가 아주 짧아지고 빨리 지나간다고 느낀다는 것이다.

똑같은 시간이지만 이 시간들이 내게 다가와 나와 어울리는 방법들은 유별하다.

시간이라는 게 일반적인 정의의 시간이 아니고 인지하고 받아들이는 용량으로 결정된다면 상식적인 시간의 개념 또한 애매하게 변할 것이다.

어린 날의 하루와 노인의 하루가 다르게 느껴지는 건 사실이다.

그날의 하루와 지금의 하루는 다르다.

앙앙거리며 우는 아기의 하루와 지팡이를 짚고 걸어가는 할아버지의 하루는 묘하다.

비교 자체가 가능한지도 모르겠다.

그 하루가 같지 않고 그 길이가 다르다 해도 수긍이 된다.

동일인의 과거와 현재여도 그렇고 별개의 아이와 할아버지의 시간이라 해도 그렇다.

시간은 이처럼 그 정체가 모호하다.

같은 시간, 같은 공간에 존재하는 우리들이지만 사람들 사이에 시간이라는 연결 고리는 없다.

시간은 각자에게 별개로 존재하며 객관적인 실체가 아니라 주관적인 대상인 것이다.

시간이 상대적이라면,

시간을 정의하는 일은 간단치 않아진다.

지구와 태양의 자전과 공전을 근거로 만들어진 시간에 대한 개념은 명료하다.

지구가 북극과 남극을 이은 가상의 축을 중심으로 서쪽에서 동쪽으로 한 바퀴 도는 것을 자전이라 하며 이를 하루라 정의한다.
공전은 지구가 태양을 중심으로 서쪽에서 동쪽으로, 시계 반대 방향으로 한 바퀴 도는 것을 말하며 이를 1년이라 한다.
하루는 밤낮을 포함하고 있으며 그 하루를, 그 하나하나를 365개를 일렬로 세워 1년이라 칭한다.
지구가 태양을 한 바퀴 도는 기간 동안 지구가 365번 자전하는 것이다.
그러한 시간 개념은 태어나 죽게 되는 기간까지, 일생이라는 개개인의 삶을 기초로 세워져 있다.
그리고 역사에 대한 지식과 미래 예측에 대한 인식으로 함께 자리를 잡는다.
이처럼 시간은 명확하게 정의되어 있지만, 그 명확한 정의는 그저 겉으로 드러난 모습이 아닐까 싶다.

태어나면서 시간은 이런 것이다,
라고 알게 되는 건 아니다.
한 살, 두 살 나이가 들어가면서 여러 다른 지식이 형성되는 것처럼 시간이라는 사차원적인 존재의 개념, 윤곽이
우리 머릿속에 자리를 잡아 가는 것이다.
그렇게 머릿속에 들어온 시간에는 유한성과 무한성에 대한 자각이 함께 한다.
과거와 미래로 끝없이 이어지는 무한한 연장과 생명의 탄생과 소멸 속

에 끝이 나는 유한성이다.

공간 또한 그러하다.

그들은 전혀 다르면서도 그 무한성과 유한성에 있어서는 비슷한 유형의 존재들이다.

그들은 우리에게 경외감을 갖게 한다.

어떻게 우주의 끝이 없을 수 있으며 또 그 끝이 있을 수 있는가?

시간 또한 비슷하다.

미래와 과거가 끝이 없다면, 그 기나긴 시간들은 끝없이 앞뒤로 뻗어 나갈 것이다.

영원의 측면에서 보면 그 끝없는 시간들은 점점이 작아지고 쪼그라들어 결국 한 점이 되고 말 것이다.

이 순간, 이 하루, 1년 내 생애 과거와 끝없이 이어질 앞날까지 말이다.

무한성은 천하 없는 커다란 공간도, 끝없이 이어지는 시간도 결국은 작고도 작은 점으로 만들고 만다.

시간이, 그 끝이 없다는 의식은 생명의 유한성에서 보게 되는 인식일 것이다.

생명이 영원하다면 그 끝이라는 개념의 형성은 구체적이지 못하고 아주 빈약할 것이다.

끝없이 확장하는 과거는 시작하는 시점이 있는지나 모르겠다.

아니면,

영원이라니!

그 세계를, 그 영원의 세계를 어찌 들여다보겠는가?

어느 이론처럼 시간은 휘어지고 비틀려 있는지도 모른다.
비틀려 있다면 타원이 되지 말란 법도 없지 않을까?
빙글거리며 도는 시간이라!
그러한 시간은, 빨랫줄처럼 연결은 되어 있는 걸까?
아님 아무런 연결 고리도 없는 걸까?

아니면 시간이라는 게,
태어나 죽음에 이르는 우리들의 일생을 보다 명확하게 이해하기 위한 도구로, 숫자처럼, 혹은 그릇처럼 편리를 위해 만들어 놓은 방편의 개념이 아닐까?
쉬이 감이 오는 사고의 대상은 아니다.

사실 오감, 육감을 바탕으로 형성된 지식들은 모두가 내적인 세계이다.
머릿속에 들어 있는 우리들의 그 세계는 내 육체와도 분리돼 있고 내 몸 바깥의 세상과도 동떨어져 있다.
아주 특이하고 설명하기 힘든 그런 구조인 것이다.
외부의 모든 현상과 세계를 체계적으로 이해하고 인식하고 있지만 그 구조는 인간이라는 동물의 시스템 안에서 만들어진 가상의 구조물이다.
육체적인 변형이나 가시광선과 같은 몇 가지 더 뛰어난 시각적 능력을 갖거나, 아님 보는 힘이 아예 없어지거나,
혹은 계산하는 방식이 소처럼 되거나 인공지능처럼 변한다면,
어찌 될까?

우리의 정신과, 문명 세계는 전혀 다르게 형성될 것이다.
외부 세계는 그대로이지만 머릿속은 전혀 다른 세계가 펼쳐지는 것이다.
하루살이가 바라보는 세상이 있고 코뿔소가 바라보는 세상이 있다.
인간이 바라보는 세상이 있다.
하나의 물건을 놓고 세모로, 네모로 보고, 색깔로 보고, 혹은 탄소나 원자로 보는 것이다.
그 물건을 정의하는 방법이 한두 가지일까?
이 세상을 이해하는 방법이 한두 가지일까?
거기에 누가 옳고 그르고, 맞고 틀리고가 있을까?

인간이 수천 번 더 진화한다면 지금의 우리가 하루살이가 되고 코뿔소가 될 터인데 말이다.

하루살이의 세상이 지금 우리의 세상과 다를 바 없음이다.

내가 늙지 않고 죽지도 않는다면,
내가 변하지 않고 영원하다면,
혹은 지구의 자전과 공전이 멈추어 버린다면 밤과 낮이 없어져 버린다면 시간은 어떻게 되는 걸까?
변화와 움직임을 멈추어 버린 사물에 시간이 있을까?
생명의 유한함과 변화와 움직임을 기본 토대로 만들어지고 인식된 시간이라는 개념이, 그 변화와 움직임이 사라져 버린다면

혹,
시간은 존재하지 않고 사라져 버리는 건 아닐까?
아님 필요치 않는 존재가 되는 걸까?

생명이 있는 것과 없는 것들 사이에 시간이라는 존재는 어떻게 변할까?
흐르는 강물에는, 저 바람 속에는 시간이 있는 걸까?
단언컨대,
그들에게는 시간이 없다.
그 세상에는,
무한이 이어지는 과거도 그 끝이 없는 미래도 존재하지 않는 것이다.
시간은 생명체의 인식 속에서만 존재한다.

인식은 많은 것들을 배열하고 조합한다.
전혀 어울리지 않는 인간관계에 시간이 끼어들어 있고 공간 개념이 있으며 아름다움에 대한 사고가 있다.
눈물을 흘리면서도 두뇌 속은 수많은 것들이 톱니바퀴처럼 엇물려 계산되어 돌아가는 것이다.
그곳에는 내가 인식하지 못하는 나만의 또 다른 체계가 있을 것이다.
내 사고의 세계는, 인간의 인식 세계는 그렇게 우리들이 지배하고 있다고 느낄 뿐 그 실상은 그들만의 알고리즘이 있는 것이다.
그 세계
그리고 그것은, 실체, 본질이 아니고

하나의 종, 인간이라는 동물 내부 세계의 구조물 중 하나인 것이다.

그래서,
시간은 우리들만의 것이다.
우리 세계에서만 존재할 뿐, 그 시간은 우리가 생명체를 떠나는 순간 신기루가 되는 것이다.
과거도 미래도 존재하지 않는다.
시간은 현재도 존재하지 않는다.

시간은 종족의 생존과 번영, 문명의 강한 테두리를 위하여 형성된 가상의 개념인 것이다.